高校教学促进丛书

U0369134

混合式教学成功手册

——让课程快速上网

冯 菲 刘 玲 编著

北京大学出版社

PEKING UNIVERSITY PRESS

图书在版编目(CIP)数据

混合式教学成功手册:让课程快速上网/冯菲,刘玲编著. —北京:北京大学出版社,2013.11

(高校教学促进丛书)

ISBN 978-7-301-23324-5

Ⅰ.①混… Ⅱ.①冯…②刘…' Ⅲ.①网络教学－教材 Ⅳ.①G434

中国版本图书馆 CIP 数据核字(2013)第 239902 号

书　　　　名:混合式教学成功手册——让课程快速上网
著作责任者:冯　菲　刘　玲　编著
责　任　编　辑:唐知涵
标　准　书　号:ISBN 978-7-301-23324-5/G·3723
出　版　发　行:北京大学出版社
地　　　　址:北京市海淀区成府路205号　100871
网　　　　址:http://www.pup.cn　　新浪官方微博:@北京大学出版社
电　　　　话:邮购部 62752015　发行部 62750672　编辑部 62767857
　　　　　　出版部 62754962
电　子　信　箱:zpup@pup.cn
印　　刷　者:三河市博文印刷有限公司
经　　销　者:新华书店
　　　　　　730 毫米×980 毫米　16 开本　13.25 印张　300 千字
　　　　　　2013 年 11 月第 1 版　2015 年 6 月第 2 次印刷
定　　　　价:42.00 元(含光盘)

前　　言

本书的形成

每本书的编写都有一个美妙的开端,《混合式教学成功手册——让课程快速上网》这本书也不例外,本书最早起源于 2008 年 9 月北京大学在全校进行推广的"北大教学网"项目。

起初,"北大教学网"是采用 Blackboard 8.0 系统构建,是一个集网络教学、数字资源管理、在线视频课堂和校园社区诸功能为一体的综合性网络平台,是北京大学所有教学课程的总站。项目的推广应用需要有配套的培训支持,于是,我们就开始对北大教师进行"北大教学网"使用方面的培训。从开始设计并实施培训课程,直到形成本书,我们经历了三个阶段。

刚开始,我们的培训是以操作技能为主线,也就是向教师们讲解一些关键功能的使用,比如如何在课程中添加文件、添加作业,如何使用成绩中心等。这样的培训形式效率很高,往往 2 个小时内可以向教师们"灌输"很多的功能,但是经过如此高强度的"学习",即使在培训过程中要求教师们跟随培训师进行操作和练习,但当教师回去自己建设课程时发现还是无从下手,或者发现把自己的面授课程搬上网并没有想象中那么简单。在不断的反思和总结中,我们发现,以技能为主线的培训方式适合于那些对开展混合式教学非常有经验的教师,而事实上,网络教学平台的使用方法都很简单,关键在于如何合理或巧妙地使用这些工具或功能。

于是，我们开始尝试着把混合式教学的方法技巧和网络教学平台的使用结合起来进行培训，重点在于教会教师怎么开展混合式教学，在开展混合式教学的过程中，可以使用哪些效率工具。在这样的思路下，我们开始以专题的形式设计并实施培训，每期专题关注一个具体的问题，和教师们一起学习并讨论开展混合式教学的一些策略和技巧，然后再学习如何利用网络教学平台来实现相应的策略技巧。最终，我们设计并开发了 10 期的专题培训，并开始了校内实施、反思修改和再实施的不断循环。2010 年至 2011 年，我们共进行了 3 轮培训，培训教师 261 人次。

2013 年，"北大教学网"全面升级为 Blackboard 9.1 系统，这套专题培训课程也进行了相应的升级，根据最新平台的功能，我们进一步补充和完善了培训课程的内容和资源，并最终形成本书。

本书的内容概览

专题名	主要内容
专题 1　规划混合式教学的课程	● 网上教学和面授教学的区别 ● 如何规划教学内容，按照一定的规则将教学材料上传到课程中 ● 如何美化课程
专题 2　保护教学材料的版权	● 如何在网络课程中合理管理教学资源 ● 如何借助网络平台的辅助工具以及其他小工具来有效地保护教学材料的版权
专题 3　开展多种教学评价活动	● 如何在网络课程中开展各种在线教学评价活动 ● 如何将在线的活动和面授的评价活动相结合 ● 如何形成全面评价学生的方案

续表

专题名	主要内容
专题 4　网上教学互动技巧	<ul><li>如何创设网上交流活动</li><li>如何促进学生参与讨论</li></ul>
专题 5　教学视频使用技巧	<ul><li>如何在网络课程中有效地使用视频</li><li>如何获取、简单编辑或自己制作符合教学需要的视频</li><li>如何将视频上传到网络课程中</li></ul>
专题 6　小组合作学习策略	<ul><li>如何在网络课程中组织和指导小组学习</li><li>如何促进小组之间的合作和交流</li></ul>
专题 7　鼓励学生自主学习策略	<ul><li>如何在网络课程中营造鼓励学生自主学习的环境</li><li>如何借助一些小工具来培养学生自主学习的技能</li></ul>
专题 8　网上实时答疑方法	<ul><li>Blackboard9.1 平台中提供了哪些可以用来开展实时答疑活动的工具</li><li>如何使用这些工具来组织实时答疑活动</li></ul>
专题 9　教学档案袋使用技巧	<ul><li>如何制作个性化的教学档案袋</li><li>如何共享并展示自己的教学档案袋</li><li>如何使用这些工具开展学生作品展示活动</li></ul>
专题 10　课程整理和改进策略	<ul><li>学期结束时需要整理哪些教学内容</li><li>网络课程是否可以重复使用</li><li>如何改进自己的教学</li><li>如何收集一些学生的反馈</li></ul>

本书的读者对象

本书适用于高校各学院、教师培训机构、公司培训部门等已经开展或准备开展网上教学的授课老师、课程助教，可以作为他们进行网络课程设计开发、网络教学活动设计组织的指导书，也可以作为 Blackboard 9.1（最新版）网络教学平台的培训教材。在开展混合式教学的过程中，使用者可以参照并实践书中建议的活动以及开展活动的策略和技巧，预防或解决可能遇到的问题。

随着校园网络条件的改善，网上教学因为能够方便地分享资料、促进师生之间的交流、进行实时反馈、没有时间和空间的限制等优势，不仅为在职学习的学生提供了便捷的学习途径，而且已经扩展到高校在校生的学习活动中。网络教学也越来越多地成为高校面授教学的一个补充环节，因此本书也可以成为高校教师教育技术技能培训的辅助教材。

本书的使用建议

本书是一套完整的参与式培训课程，采用学习活动的设计理论，用活动来引导培训进程，并在这一过程中融合网上教学策略和技巧的讨论和学习，避免了理论知识讲授的枯燥和难以理解，同时也提供给教师学员结合教学实践进行反思的机会。

本书的每个专题都有"课堂讨论""推荐阅读""动手操作""反思实践"等活动，"课堂讨论"主要是针对混合式教学过程中的一些问题进行讨论和思考；"推荐阅读"中重点介绍影响网上教学成功的课程设计技巧和教学活动组织策略，这些技巧和策略一部分源自北大教师的亲身实践和学生反馈，另一部分则来自于国外同行的研究探索；"动手操作"介绍了网络教学平台中相应功能的操作方法，主要采用培训师演示的方法进行，自学教材时可以参考配套光盘中的速查手册；"反思实践"是进行学习总结和反思的环节。

由于每个专题相对独立，因此，在使用过程中，可以根据培训目标灵活选择其中的专题进行组合培训。此外，本书的操作技能部分是以 Blackboard 9.1 平台为例，将这部分内容替换成其他网络平台的操作技能，本书也可以作为对应网络教学平台的培训教材。

致谢

非常感谢汪琼教授对我们的支持，在她的鼓励和推动下，我们才能最终完成本书，她为我们提供了很多开展混合式教学的策略和技巧，本书中的很多策略技巧都来自于她的亲身实践和总结。

非常感谢刘玲，她和我一起完成了本书中的活动设计，我们经常为活动设计的思路和想法进行讨论，甚至是争论，就是在这样不断地"斗争"中保证了每个专题活动的逻辑性和合理性。

非常感谢参加培训的北大教师，他们针对培训提出的反馈建议以及在课堂讨论过程中贡献出来的想法和思路，为本书的修改完善提供了很多素材和思路。

非常感谢北大现代教育技术中心的曾腾、王胜清、赵国栋、王肖群多位老师对本书的批评和指正，他们对于本书的修改完善提出了很多实用的建议。尤其感谢曾腾老师和我们一起使用本书中的活动进行培训。

非常感谢汪滢、蔡文璇、杨柏洁、黄超和于青青，大家共同努力，帮助我们完成了 Blackboard 9.1 技能速查手册，感谢大家在不断地修改过程中表现出来的耐心和细致。

最后，写作本书的目的是希望能够促进国内开展混合式教学的有效实践，欢迎各位读者向我们反馈使用本书的体会，以及自己的一些创新做法。本书也一定存在许多不当及疏漏之处，敬请读者批评指正。

目　　录

专题 1　规划混合式教学的课程

现在的教学，无论是网络教学还是面授教学，都有混合的趋势，即融合面授和网上教学的优势，既利用面授交流的方便、直接、快速反馈，同时也利用网上丰富的资料和深度的反思讨论。1999 年美国历史和计算协会（American Association for History and Computing）所进行的研究发现，教学效果最好的课程是那种小班的、教学方式结合了面授和网上交流的课程。在本专题中，你将在了解网上教学的基础上，开始规划自己的网络课程，并开始上传一些教学材料，为开展混合教学做好准备。

活动 1　认识网上教学

在开始混合式教学之前，对网上教学了解得越多，准备得越充分，就越有可能尽快地适应这种教学方法，也越有可能成功地开展面授教学和网上教学相融合的混合式教学。

在这个活动中，你将了解一些关于网上教学的特点，帮助教师确定网上教学和面授教学融合的切入点。

 课堂讨论

请思考下列问题，将答案写在横线上，然后按照要求，和全班分享你的答案，并记录你认为合理的其他人的观点。

　　1. 你认为可以在网上开展哪些教学活动作为面授教学的补充？

_____

_____

_____

　　2. 这些计划在网上开展的教学活动，与面授时相比有什么不同？
需要注意什么？

_____

_____

_____

 推荐阅读

网上教学和面授教学的不同

　　和面授教学相比，在开展网上教学时，教师最大的不适应可能就是几乎不能与学生面对面进行交流。即使可以有一些网上实时交流的环节，但因为考虑到网速，往往只能使用音频和文字。在教学过程中，教师看不到学生学习时候的表情，也不知道学生当时正在做什么。这种视觉信息的缺失让一些老师在网上教学的时候感到"心里没底"，因为这些教师已经习惯了根据学生的表现来调整教学进度，改变内容表述方式，教师往往会因为不能迅速地诊断学生的需要而感到焦虑。特别是在网络速度不够、登录学生过多、出现较大的声音延迟的时候，授课教师会感到教学的流畅性被严重干扰了。

　　网上教学和面授教学的另一个重要差异就是把交流对学习的促进作用显性化、数字化。面授环境下的学习并不只发生在课堂，课堂在一定程度上只是让学生集中起来的场所。将所学知识转换为学生自己的知识更多地发生在课外，发生在与同学、老师的交谈讨论之中。如果一门网上课程只是模仿面授教学的课堂教学部分，比如只是让学生观看课堂实录，而没有后续的交流环节，那么学生是很难达到面授教学效果的。这也就是说，网上教学环境需要提供工具来支持那些在平时发生的、零散无意识的讨论，网上课程的师生都要学会并习惯用文字来表达思想、整理思路。尤其是教师，除了要把所有的学习资料事先分门别类地准备好之外，还要设计一些教学活动，督促和检查学生的学习情况，包括在课程讨论区引导讨论等。由于我国的面授教学大多是讲授型，很多教师不太擅长组织学生进行讨论式的教学活动，因此从面授教学到网上教学，教师遇到的挑战会很大。这需要一个适应和学习的过程，一些有过一段时间的网上教学实践的教师体会到：自己与学生的交流对学生网上学习的成功与否有很大的影响，要珍惜并懂得如何享受这种心灵的沟通、观点的碰撞，以及教学相长的收获。这也是一些教师一旦驾驭了网上教学，就乐此不疲的原因。

适合在网上开展的教学活动

网上教学活动可以分为个人学习活动和群体学习活动两类。个人学习活动包括：完成课程指定的阅读任务，回答指定问题，网上搜索资料，完成并递交作业，制作并展示作品，自我测验评价，实验动手操作，网上访谈，等。群体学习活动包括：与内容相关的讨论，学生单个研究结果或作业的讨论，分组辩论，角色扮演，合作开发研究报告，对课程内容、话题、活动的观察和反思，等。如果学生人数较多，可以将群体活动分为小组活动和全班活动而分别设计。

小组活动有很多好处，既可以促进学生之间基于课程内容的学习交往，促进学生从多方面看问题，又可以因学习同伴关系克服网上学习的孤独感。知道有人在网上等待、聆听，并给以反馈，会让远程学生克服学习的孤独感，坚持学习，更多地回到"课堂"上来。因此，在设计教学活动的时候，应多设计一些交流性质的活动，特别是学生与学生之间的活动或小组活动，比如，要求学生互评作业、小组一起完成一个项目等，促进学生分享他们的知识和经历，为学生之间的相互了解和合作创造机会。要防止学生只是和老师交流，或者将师生交流降低到交交作业而已。

需要注意的是，在课程刚开始的时候，应该多做一些全班性的集体活动，在建立起彼此的了解之后，再分小组活动，切忌不要让小组活动冲淡了全班同学之间的交流。另外，因为传统的中国式教育很少采用小组合作学习形式，因此开始时还需要向学生介绍小组合作的方法和要求，指导安排进度日程，确定任务优先级，根据小组人员特长分配小组成员角色和任务。

简单地说，教师可以根据需要在网上开展下列的教学活动：

- 让学生自己获取并阅读有关的教学材料，比如教学大纲、课程计划、阅读材料等。
- 让学生自主使用软件完成一些活动，比如模拟游戏等。
- 师生通过论坛等讨论工具在网上进行非实时交流。
- 师生使用聊天软件在网上实时交流。
- 用电子邮件进行一对一或一对多的教学或辅导答疑。
- 让学生进行网上自测。
- 让学生通过网络提交作业。

开展混合式教学，教师需要做的准备工作

首先要准备的是信念，教师是否相信网上教学可以保持自己的面授教学水平？对于有些教师来说，网上教学甚至可以超过面授的水平。比如有的教师由于平时说话语速较快，思维过于跳跃，学生听这样的教师讲课会很累，但是思维跳跃这个面授时候的缺点，在开展网上讨论的时候就变成了优点，因为通过网络，思维活跃的教师可以从不同的角度来向学生提问，接着学生的发言不断地追问。从某种意义上来说，对于不善言辞但是愿意思考的教师，做网上教学可能会比做面授更为成功。

开展网上教学的第二个准备是要有开展网上教学的热情。刚开始做网上教学的教师，常常会感到兴奋，又有几分惶恐不安，容易被网络牵着鼻子，受技术的制约，比如每半小时访问一次课程网站，见到学生提问或邮件就回，于是会发现自己花了很多的时间在回答学生的问题。但是随着网上教学活动的开展，网上教学的教师就会渐渐适应并找到适合自己的教学工作方式。

开展网上教学的第三个准备是学习网上教学的方法。这包括了解教师所在的单位能够提供什么样的网上教学条件，能够开展哪些类型的网上教学活动，最好能够观摩或选修一门网上课程，特别是那些教师自己打算使用的网络教学平台的课程，比如有的学校有相应的教师培训课程，介绍在学校网络教学平台上开展教学的操作步骤和方法。如果没有机会或没有时间来参加这样的培训课程，那么至少要浏览一些网络课程，特别是了解这些网络课程所开展的网上教学活动种类，了解网上学习以及网上教学可能遇到的各种困难和挑战。浏览这些网上课程，对于开阔教师思路、更好地设计网络课程会有很大的帮助。

相对于技术能力的学习和准备，网上教师应该掌握建构主义理论、探究式的教学法，学会远程把脉学生的学习情况，准确地了解学生的真实水平，以便有效地引导学生讨论。如果有可能，最好参加一些网上教学方法的培训，或者多阅读一些网上教学方法的书籍和文章，多访问一些网上学习站点和讨论区。这都可以帮助教师更多地了解网上教学方法，做好开展网上教学的准备。

开展网上教学的第四个准备是了解周围可用的资源。如果是为在校的全日制学生开设网上课程，教师就需要了解这些学生的上网条件、所使用的软硬件配置，以及他们所具有的技术能力。

如果教师所教授的课程是在学校的网上教学管理平台上运行的，那么教师还需要去熟悉这个平台，了解该平台为教师提供的可用功能、为学生提供的可用功能。如果是教师自己开设的网上课程，那么教师就需要了解有哪些技术可用、这些技术都能够干什么事情、能够达到什么样的效果、使用起来是否方便、使用门槛有多高、学生是否需要培训才会使用，由此决定适合课程的网上教学活动形式。

常用的网络教学平台

目前，在国内广泛使用的网络教学平台主要有 Blackboard、Moodle、G2School、天空教室、清华教育在线等。这些网络教学平台均可以实现教学材料的发布、在线作业的布置收集、论坛讨论等教学活动。本书将以 Blackboard 9.1 平台（本书中将简称为 Bb 9.1 平台）为例，介绍如何在该网络教学平台上创建自己的网络课程，并以此作为自己混合式教学的有益补充。

Blackboard 9.1 网络教学平台是美国 Blackboard 公司推出的最新版本的网络教学平台，使用该网络教学平台，教师可以组织和管理各类数字化教学资源，也可以开展各种网上教学活动，同时该网络平台还提供了分组教学、网上答疑、收集电子作业、管理学生成绩等丰富的教学辅助工具。

活动 2　认识网络课程

在创建自己的网络课程之前，首先你需要了解 Bb 9.1 网络课程的结构和呈现形式。图 1-1 是一个课程的主页，左侧是课程的导航（菜单），右侧是菜单下的具体内容。

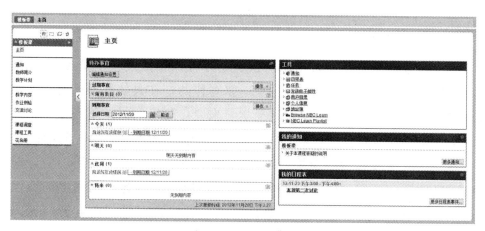

图 1-1　Bb 9.1 平台网络课程的主页

 课堂讨论

请思考下列问题，将答案写在横线上。然后按照要求，和全班分享你的答案，并记录你认为合理的其他人的观点。

1. 你认为网络课程的导航菜单中应该包含有哪些内容？

_____

_____

_____

2. 你认为网络课程中的教学内容应该如何组织？是按照时间模块，还是按照内容模块？

_____

_____

_____

_____

推荐阅读

建议教学内容按模块组织，模块划分可以和面授教学结合

传统的教材编写方式是按照章节来写作的，在具体教学的时候，每章的教学时间并不相同，对于网上学习来说，这样的方式不利于学生控制学习进度。一般来说，最好将网上教学内容按照类似的时间间隔进行划分，从而形成学习模块，一个模块可以对应一周或几周，最好能够对应到周。这样，能够保证每周学生看相同的内容，在网上的交流也能够集中在同样的话题上，这样有利于针对课程学习内容开展深入的讨论，而且可以有效地督促学生学习，尤其是在职的学生。过长的学习周期常常会造成一些学生短期流失，导致他们跟不上学习进度、迟交作业。将教学活动安排到周，可以有效地杜绝这些情况发生。

一门网络课程在教学时最好能够用一种学习模式，如引言、课、活动和讨论。有效的学习模式，可以帮助学生为下一步学习做准备，随时准备与别人分享学习体会。每周有一个固定的活动，比如每周的反思，或读书心得交流，可以形成课程学习结构。

Bb 9.1 平台的课程中可以添加下列教学内容

教学大纲：可以按照给定的模板创建美观的课程提纲，方便学生了解课程信息。

教师简介：帮助学生了解教师的信息，包括教师的研究方向、联系方式等，尤其在学生选课时，这样的信息格外有用。

教学课件：可以允许学生将课件下载到自己计算机中观看，也可以限定学生只能在网络课程中观看课件。

在线作业：可以在线布置作业，学生完成作业后在线提交，还可以限定提交作业的截止时间。

音视频文件：可以将音视频文件添加至课程内供学生下载或在线收听观看。

阅读文献：可以提供相关文献的下载链接。

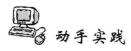 **动手实践**

操作 1　体验 Bb 9.1 平台的网络课程

请跟随培训师，登录到 Bb 9.1 平台的网络课程中，体验一下网络课程的结构和内容呈现形式。

活动 3　规划自己的网络课程

在将课程内容资源上网之前，要先做好规划，可以帮助你在建设的过程中头脑清醒，更有条理和目的地组织和管理教学内容。在这个活动中，你将绘制自己课程的结构图，这就好比是一个网站的地图，可以让你清楚地知道自己所处的位置。图 1-2 和图 1-3 为两种不同组织形式的课程结构图样例。

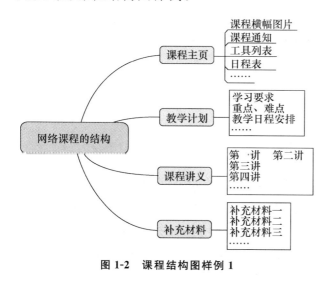

图 1-2　课程结构图样例 1

特别提醒

网络课程并没有特定的结构，在网络教学平台上，你可以使用课程建设工具构建出任何你所想要的教学环境。

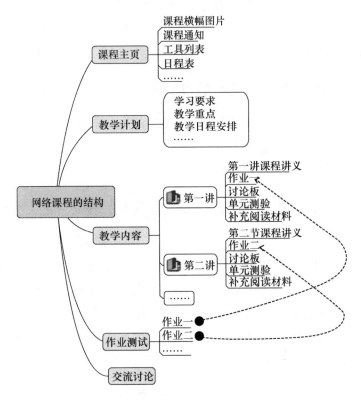

图 1-3　课程结构图样例 2

 动手实践

操作 2　绘制课程结构图

在开始绘制课程结构图之前，请思考如下问题：

■ 你准备在网络课程中呈现哪些材料？比如，课程讲义、作业、参考资料之外，还有什么其他可以添加的材料？

■ 你准备如何组织这些材料？是将材料类型相同的放在一起，还是按照教学进度的安排整合相应的教学材料？

■　你认为什么样的材料组织形式更适合学生进行学习？

请在下方画出你自己的网络课程结构图，然后按照要求和全班分享你的设计。

 特别提醒

在上第一次课前，教师需要在网络课程中呈现至少两份材料：一份较为详细的课程教学计划（课程大纲）和一封欢迎信。

操作 3　创建和修改课程的菜单

请跟随培训师，学习如何打开和关闭课程的编辑状态，如何创建课程左侧的导航菜单。然后按照你的课程网络结构图，在网络课程中创建你的课程左侧导航栏。在操作过程中，你可以随时将一些关键的操作要点记录在下面的方框中。

你也可以访问 Bb 9.1 速查手册＞1. 设置课程＞1.5 修改课程菜单项，学习关于课程菜单设置的具体操作方法。

特别提醒

可以在课程菜单中添加分割线，以此来整理归类课程里边的菜单，把功能相近的移动到一组，这样更便于学生使用。

活动 4 创建教学大纲

在这个活动中，你将完善自己的教学大纲，并利用课程工具"课程提纲"在网络课程中创建规范的教学大纲。图 1-4 为网络课程平台中的教学大纲样例。

图 1-4 网络课程平台中的教学大纲样例

课堂讨论

请思考下列问题，将答案写在横线上，然后按照要求，和全班分享你的答案，并记录你认为合理的其他人的观点。

1. 有人说，教学大纲只是教师自己规划教学的工具，没有必要提前告诉学生。你是否同意这个观点？为什么？

_____

_____

_____

_____

_____

2. 教学大纲有什么作用？其中应该包含哪些内容？

_____

_____

_____

_____

_____

 推荐阅读

教学大纲中应该包含的内容

教学大纲是一份专业化的文档，也是一份个性化的文档，它不仅反映出教师对课程内容和教学过程的理解，还体现对学生所秉持的教学态度和教育信念。教学大纲让学生了解课程的有关教学内容和教学要求，学习此课程的目的，后面还将学什么与先修和后续课程有什么关系，以及学生需要怎样学，才能够在课程中获得好成绩成功。好的教学大纲能在学期开始时为整个学期的教学打下坚实的基础：为课程设定了一个基调，向学生提供了一个概念框架，成为师生交流的一个有形工具，而且它也向学生表明你很严肃地对待教学。教学大纲是教师与学生的教学契约，一旦设定，不可以随便更改，以体现教学的严肃性。

> **!） 特别提醒**
>
> 　　教学大纲的进一步发展，可以形成教学档案袋。有关教学档案袋的使用方法请参考专题 9。

　　一个完整的教学大纲通常包括以下几个部分。

　　课程信息与课程简介：包含有课程名称、单元数、授课时间与地点、课程概述与先修课程。

　　课程教学目标：说明学完这门课程，学生应该达到的总体知识技能水平。

　　目标教学对象：要求学生需要具备的预备知识和技能水平。老师可以根据教学活动要求设计一份技能水平自查表，随这份课程教学计划提供给选课的学生，以便学生可以自测自己是否已经具备了课程所要求的技能，是否有信心在课程的教学过程中通过自学掌握课程要求的技能。对于一些有特殊技能要求的活动，老师也需要在技能要求文件中说明在该活动开展之前是否有专门的培训或有关的活动来帮助学生掌握这些技能。

　　课程日程安排：清楚地说明每周的教学目标，要阅读的材料，面授课程的时间和内容安排，网上学习活动的要求，作业递交时间，以及答疑时间等。在介绍阅读材料的时候，不仅要标出阅读的章节页码，最好还能够围绕阅读材料，提一些引导阅读、促进理解和思考的问题，引导学生的阅读。

　　课程评分规则：说明参加哪些活动是需要记分的，各类作业的分值、最低要求，特别是质量水平要求，如果可能，提供一些作业范例，说明怎样的水平就能得 A。另外需要说明作业如何递交，迟交或不交作业如何处置，在哪里可以看到老师收到作业的情况以及平时成绩记录，包括考勤记录。一定要提醒学生，要多保存几个作业备份。如果在作业上交的时候，他们的计算机坏了（这是最常见的迟交作业借口），请他们立即与授课教师或者助教联系，以便协商解决办法。

　　除了以上提到的五项内容，你还可以在教学大纲中说明一些课程规定，比如有关学术诚信的规定、院系的一些要求等，也可以介绍一些课程的特点以及你所秉承的教学理念。为了帮助学生更好地进行学习，你还可以推荐一些学习策略。

动手实践

　　根据之前的讨论，修改完善你的教学大纲，然后准备将教学大纲上传到网络课程中。

操作 4　使用"课程提纲"工具上传教学大纲

　　请跟随培训师，学习如何使用"课程提纲"工具来创建教学大纲，并把你的课程大纲上传到网络课程平台中。在操作过程中，你可以随时将一些关键的操作要点记录在下面的方框中。

　　你也可以访问 Bb 9.1 速查手册＞2. 建设课程内容＞2.2 创建课程提纲，学习创建教学大纲的具体操作方法。

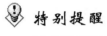

特别提醒

目前课程提纲工具中默认的只有3个模块，你可以尝试将一些内容合并。另外，课程提纲工具还可以自定义背景，可以帮助你轻松定制出美观的教学大纲。

活动 5　组织并上传教学内容

在这个活动中，你将学习 Bb 9.1 平台的课程中关于上传课程内容的编辑工具，并且利用这些工具将相关的教学内容组织并上传到课程中。图 1-5 为创建内容的详细页面。

图 1-5　创建内容的详细页面

在 Bb 9.1 平台的课程中，在课程编辑状态下，将会出现"创建工具栏"，使用工具栏中的工具既可以添加教学内容，比如文件、视频、链接等，也可以添加各种评价作业，比如作业、测试等，还可以添加各种交互式的教学活动，比如讨论区、日志等。

内容文件夹、项目、文件、作业是最常用的课程内容添加工具，表 1-1 总结了这四种工具的区别。在添加课程内容时，需要根据不同的材料类型以及教学目的来选择不同的工具。

表 1-1　四种添加内容的工具对比

	呈现形式	样例图	主要用于……
内容文件夹	导航，进入后开始下一层学习	**模块1 应用操作系统** **本模块学习目标：** • 掌握操作系统常用操作技能 • 完成1个通用活动，设置个性化电脑 • 完成1个可选活动，整理电脑资料 • 展示你的作品	提供每个模块学习的入口，组织每个模块内的所有内容
项目	页面，可供观看或下载材料	**活动1 操作系统通用活动** 我们准备了跟你的工作或生活相关的一个通用活动，通用活动是所有人都需要完成的，在完成活动的过程中你将学习和使用操作系统： >>点此下载指南——通用活动：新电脑 说明：本课程所有技术活动的指南为PDF格式，需要你的电脑上安装有adobe公司的acrobat reader或其他支持PDF格式的软件才能正常浏览。你可以通过访问网址http://get.adobe.com/cn/reader/免费获得此软件。	展示课件，提供下载文件，提供学习说明
文件	提供一个可供下载的文件	**第一讲课件**	提供下载文件，与项目的区别在于无法提供关于这个文件的说明
作业	页面＋导航，页面中说明作业要求，导航可提交作业	**第一讲作业** 已附加文件：作业阅读材料和要求 (0 KB) 请按照要求完成作品，并上传。	布置作业，设定作业分数，限定作业提交截止时间

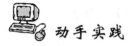 **动手实践**

操作 5　添加内容文件夹、项目和文件

请跟随培训师，学习如何添加内容文件夹、项目和文件，并把你自己准备好的教学内容上传到网络课程平台中。在操作过程中，你可以随时将一些关键的操作要点记录在下面的方框中。

你也可以访问 Bb 9.1 速查手册＞2. 建设课程内容＞2.3 添加内容文件夹；Bb 9.1 速查手册＞2. 建设课程内容＞2.4 添加项目；Bb 9.1 速查手册＞2. 建设课程内容＞2.5 添加文件，学习关于添加课程内容的具体操作方法。

> ⚠ **特别提醒**
>
> 在添加内容文件夹组织一个模块的内容时，一定要在描述处说明这个文件夹内的内容，即学生将通过这个模块学习哪些内容。

操作 6　布置一个在线作业

请跟随培训师，学习如何布置在线作业。在操作过程中，你可以随时将一些关键的操作要点记录在下面的方框中。

你也可以访问 Bb 9.1 速查手册＞4. 收集及批改作业＞4.1 布置作业，学习关于布置作业的具体操作方法。

> **特别提醒**
>
> 可以设置作业提交的截止日期，在此日期之后提交的作业将会被自动标记为逾期。

操作 7　依次上传教学内容

请结合之前完成的教学网课程结构图，依次将教学内容上传至课程中。你可以随时向培训师或助教提问。希望你可以通过这个活动完成自己课程内容的初步建设。你也可以按照面授教学进展逐步上传课程内容。

活动 6　设计网络课程的界面

在这个活动中，你将学习 Bb 9.1 平台中定制自己课程界面的方法，并且美化自己的网络课程，为学生提供一个便于访问和学习的网络环境。

在 Bb 9.1 平台的课程中，你可以定义课程菜单的样式，还可以设计网络课程主页中显示的内容模块，即学生进入课程中首先可以看到哪些内容。

在图 1-1 所示的课程主页中显示了和学生有关的课程通知、学生近期需要完成的作业、任务事项等，除此之外，你还可以在课程主页中显示课程最新更新的内容，以便学生快速找到这些内容。

你还可以添加一张课程横幅，课程横幅是显示在课程入口页面上方的图片，课程横幅要能够突出课程的主题，以便在美化页面的同时，让学生对该课程留下深刻的印象。图 1-6 为添加了课程横幅的课程主页。

图 1-6　添加了课程横幅的课程主页

推荐阅读

网络课程的美化原则

网络课程的页面设计需要遵从一般网站设计的原则，比如：

- 选择可读性较好的字体，一般一页不超过 2～3 种字体，防止使用多种字体。文字最好是浅底黑字，慎用特殊效果。如果不是超级链接，就不要使用下划线，否则会产生误会。

- 注意不要满篇都是文字，适当地穿插一些与内容相关的剪贴画，或者表示内容属性（概念或帮助信息）的图片，可以增强网页阅读的愉悦性。只是要注意这些图片不可以尺寸过大，否则会影响网页下载速度。每个文档不要有太多的内容，一个网页的内容打印出来不要超过 2～3 页 A4 纸。

- 多用列表，多留空白，少用文字段落，以适应网络浏览阅读的习惯。

- 如果一周的教学包括阅读、讨论、网络搜索、项目合作，那么分别用不同的页或不同的条目来展示这些内容，这样会有助于学生更好地了解他们要做什么。

为了让学生能够尽快地熟悉网上课程的内容组织方式，一般都会建议一门网络课程具有统一的风格。对于 Bb 9.1 平台的课程来说，可以要求相同类型的内容使用同一个工具来建设，而且每个教学模块的组织形式相同即可，比如每个教学模块都包含有内容概述、教学课件、作业、阅读材料等。

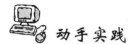 **动手实践**

操作 8　定制课程样式

请跟随培训师，学习如何定制课程样式，包括课程菜单的显示形式和颜色底纹，以及添加课程横幅，并根据需要定制你自己课程的样式。在操作过程中，你可以随时将一些关键的操作要点记录在下面的方框中。

你也可以访问 Bb 9.1 速查手册＞1. 设置课程＞1.3 设置课程菜单样式；Bb 9.1 速查手册＞1. 设置课程＞1.4 添加课程横幅，学习关于定制课程样式的具体操作方法。

操作 9　添加一个课程主页

请跟随培训师，学习如何添加一个课程主页，包括选择课程主页上显示的模块以及呈现形式，并根据需要添加你自己课程的主页。在操作过程中，你可以随时将一些关键的操作要点记录在下面的方框中。

你也可以访问 Bb 9.1 速查手册＞1. 设置课程＞1.6 添加课程主页，学习关于添加课程主页以及在主页中添加模块的具体操作方法。

特别提醒

添加好课程主页后，可以在定制课程样式时选择课程入口的页面，即进入课程时看见的第一页。

活动 7 总结与分享

1. 在本专题中，你了解了哪些重要的观点？请在下方横线上记录你的答案和其他人的总结。

_____

_____

_____

_____

2. 你学习了哪些关于建设网络课程的工具？你学会这些工具的使用方法了吗？

_____

_____

_____

_____

3. 你是否准备在今后的工作中使用这些工具？你计划如何使用呢？

_____

_____

_____

_____

专题 2　保护教学材料的版权

知识产权（Intellectual Property），是指我们对自己创造的智力活动成果依法享有的民事权利。按照智力活动成果的不同，知识产权可以分为著作权、商标权、专利权、发明权、发现权等。在开展混合式教学的过程中，不可避免地要将相关的教学材料上传至网络课程，那么，我们应该如何保护这些教学材料的版权？Bb 9.1 网络教学平台中是否存在保护我们教学材料版权的机制？在本专题中，你将学习如何在网络课程中合理管理教学资源，以及如何借助 Bb 9.1 平台的辅助工具以及其他小工具来有效地保护教学材料的版权。

活动 1　认识资源管理系统

Bb 9.1 平台中，资源管理系统（Content Collection）是帮助教师有效组织教学资源的工具，在这个活动中，你将了解资源管理系统，并学习如何使用资源管理系统。

资源管理系统中既有教师自己上传的资源，也有学校图书馆上传的资源，并且不同类型的资源默认的访问权限也不一样，对资源管理系统有一个基本认识，可以帮助你更好地使用资源管理系统。图 2-1 的页面中分为左右两大部分，左侧列出了资源类型分类，右侧列出了相应分类中的资源。

图 2-1　资源管理系统首页

我的内容：默认只有教师自己能访问的资源。

课程内容：默认只有教师、助教以及课程内容管理员可以访问的资源。

机构内容：一般以部门为单位提供的内容，默认这部分内容教师没有权限进行更新和编辑，但是可以在课程中引用。

资料库内容：一般以学校为单位提供的一些教学参考资源，比如教学参考电子资源等。默认这部分内容教师没有权限进行更新和编辑，但是可以在课程中引用。

在资源管理系统中，你可以在"我的内容"和"课程内容"中创建文件夹、上传文件，利用资源管理系统对自己的教学材料进行系统管理，这样做的好处是可以在不同的网络课程中随时使用这些资源，而不需要反复上传，更重要的是如果这些资源有更新，只需要更新资源管理系统中的文件，课程中的文件将会自动更新。

使用资源管理系统时，你可以使用 Web 文件夹一次性将事先整理好的存放教学材料的文件夹直接上传到服务器上，然后在资源管理系统中将会自动生成和原有文件夹结构相同的目录，并存放有相应的文件，这样更加便于你查找和使用这些资源。

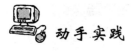 **动手实践**

操作 10　体验资源管理系统

下面，请跟随培训师，学习如何访问资源管理系统，以及如何在其中上传教学材料。在操作过程中，你可以随时将一些关键的操作要点记录在下面的方框中。

你也可以访问 Bb 9.1 速查手册＞3. 管理课程内容＞3.1 访问资源管理系统；Bb 9.1 速查手册＞3. 管理课程内容＞3.2 在资源管理系统中添加内容，学习关于资源管理系统的使用方法。

特别提醒

可以通过点击资源管理系统页面右上方的"设置Web 文件夹"，获取关于 Web 文件夹使用方法。

活动 2　组织课程教学资源

每当 Bb 9.1 平台中新建一门课程时，在课程内容的目录下就会自动生成一个以课程 ID 命名的文件夹。在"查看列表"页面下，将会自动列出课程的名称，如图 2-2 所示。在"查看缩略图"页面下，把鼠标光标指向文件夹名称（课程 ID），将会自动显示出课程名称，如图 2-3 所示。

	文件类型	首名	课程	已编辑	太小	权限	版本	注释
	📁	chenfei-1 ⮟	微机原理	2011-7-5 9:09:37	161.7 MB			
	📁	PK240903 ⮟	集合论与图论（离散数学之三）	2010-9-10 15:28:15	0			
	📁	PKU-M-01 ⮟	模板课	2012-11-20 21:07:59	577.7 KB			

图 2-2　"查看列表"页面

图 2-3　"查看缩略图"页面

　　教师、助教以及课程内容管理员可以通过资源管理系统访问对应课程的文件夹，教师可以通过权限管理来限制助教及内容管理员对这些资源的控制权限。

　　可以说，课程内容中对应的"课程文件夹"是一个相对独立于课程的存储空间，也就是说，直接添加在该文件夹中的内容不会更新反映在课程中，但是需要注意的是，在课程中添加的任何材料和资源都会自动添加在该课程义件夹的根目录下。

　　通常，在网络课程中需要引用的资源大多都是阅读材料或是课件。一般情况下，均是通过添加项目时添加一个附件或者添加文件等形式添加的，如图 2-4 所示。这时你只需要选择"浏览 Content Collection"找到事先保存在资源管理系统中的文件即可。

附件

从本地驱动器、课程文件或 Content Collection 中附加文件。所有附加文件都保存在课程文件中。单击"请勿附加"来删除附件。该文件本身不会被删除。

附加文件   浏览"我的电脑"   浏览 Content Collection

图 2-4   添加项目时选择添加附件的界面

可以看出，调用资源管理系统中的资源和附加本地文件的操作难度及频率是一样的。那么，为什么要使用资源管理系统呢？

- 资源管理系统可以打包一次性的上传所有教学材料。
- 可以在课程中重复调用相同的教学材料，而不用重复上传，节省了空间，减少了出错的可能性。
- 在资源管理系统更新材料后，课程中调用的相应内容自动更新。
- 使用资源管理系统，可以更灵活有效地限制资源共享的对象。

推荐阅读

要选择合适的教学资源放在网络课程中

需要注意的是，网络课程并不等于是教材的电子化。在整理和组织网络课程中的教学材料时，需要考虑选择合适的教学资源放在课程中。

网络课程需要提供学生完成课程学习的基本资源，但并不是所有的资料都需要上网。比如，对于比较长的文件，最好不要让学生在网上阅读，可以放在网上让学生下载打印出来，或者去买相应的纸质材料和教材。

一般来说，要慎用动画和音视频材料，因为制作这类教学材料的时间和成本都很高，而且播放这样的内容对于学生的设备要求也很高，所以如果不是十分需要，就不要使用。对于一些实验演示环节，面授的时候就要操作展示，网上教学时如果也要求必须在网上展示，那么就需要使用音视频或者动画。有一点需要注意，网上课程并不是说所有的活动都在网上进行，学生完全可以在本地自己动手操作，因此是否要制作音视频材料，要看具体情况，与可获取的资源和经费、时间都有关系。

如果需要链接到其他网站的资料，最好是多找几个可替代的资源，免得链接失效。教师也可以要求学生一起参与课程的资源建设，比如让学生推荐他们找到的与课程相关的有价值的网址。每次上课前都要测试网上的链接是否还有效。

因为学生有不同的学习风格，在准备内容的时候，需要考虑为同样的教学内容提供不同的呈现方式，比如，为视觉风格的学习者提供概念图，为爱动手的学习者提供交互式课件，通过不同类型的学习活动设计，让不同学习风格的人都能够得到适合他的学习资料，这样也可以增加学生的成功概率。

在课程制作完成之后，一定要测试学生的最低技术条件下使用课程的情况，是不是可以看到所有的媒体，播放速度如何。因为制作人员的机器设备一般来说都比较高档，在制作的时候，必须要考虑最低配置条件，避免开发出学生机器不能运行的课件。另外，以教师和学生两个角色进入系统测试一下，保证所有的功能达到设计要求。

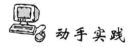动手实践

操作 11　在课程中引用资源管理系统中的材料

下面，请跟随培训师，学习如何在课程中引用资源管理系统中的材料。在操作过程中，你可以随时将一些关键的操作要点记录在下面的方框中。

你也可以访问 Bb 9.1 速查手册＞3.管理课程内容＞3.4 在课程中引用资源管理系统中的文件，学习关于资源管理系统的使用方法。

活动 3   管理课程教学资源

在 Bb 9.1 平台的课程中，你可以在资源管理系统中更新文件（覆盖文件），任何课程中引用的该文件都将会自动更新。这将有利于教师不断地完善自己的教学材料。

如果你还需要记录每次更新的版本，以便随时返回到前一个版本，使用版本工具就可以记录每一次的更新。

在资源管理系统中，你还可以限制自己课程中教学材料的使用权限，尤其是当你想要在平台中开放自己课程的时候，使用资源管理系统就可以灵活方便地限制访问者可以看到和下载的资料。

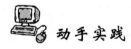 动手实践

操作 12   更新资源管理系统中的文件

下面，请跟随培训师，学习如何更新资源管理系统中的文件。在操作过程中，你可以随时将一些关键的操作要点记录在下面的方框中。

你也可以访问 Bb 9.1 速查手册＞3. 管理课程内容＞3.5 更新资源管理系统中的文件，学习关于资源管理系统的使用方法。

操作 13　记录文件的版本

下面，请跟随培训师，学习如何更新管理资源管理系统中文件的版本。在操作过程中，你可以随时将一些关键的操作要点记录在下面的方框中。

你也可以访问 Bb 9.1 速查手册＞3. 管理课程内容＞3.6 在资源管理系统中管理文件版本，学习关于资源管理系统的使用方法。

> **! 特别提醒**
>
> 只有在文件属性中选择了"启用版本控制"，系统才会自动记录文档的更新版本。

操作 14　设置和修改文件权限

在活动 1 中已经提到，默认状态下，"我的内容"中的材料只有教师自己能访问；而"课程内容"中的资源是教师、助教以及课程内容管理员可以访问。

当在课程中引用这些材料时，系统将会自动为课程学生设定材料的读取权限，也就是说，除了课程中的教师、助教及学生，其他人均无法访问这些材料。即使你已经把课程设置为开放，课程以外的人员依然无法访问来自资源管理系统的内容。

通过修改资源的共享对象，你可以决定谁可以访问相应的资源，以及访问的权限是读取还是修改。

下面，请跟随培训师一起操作，修改资源的共享对象。在操作过程中，你可以随时将一些关键的操作要点记录在下面的方框中。

你也可以访问 Bb 9.1 速查手册＞3. 管理课程内容＞3.7 在资源管理系统中修改文件权限，学习关于资源管理系统的使用方法。

> ⚠️ **特别提醒**
>
> 想在开放课程中共享链接至资源管理系统的资源，需要为该项资源添加公众读取的权限。

推荐阅读

引用他人资源时也需要注意版权问题

近年来，国内很多学校都开展了课程数字化资源的建设，在开发网上课程的时候可以去观摩和借鉴类似课程的设计，比如教育部国家精品课程、新世纪网络课程、MIT 开放课程等，只是这些课程网站多为资源网站。国外一些网站，如 World Lecture Hall 等也有一些公开的课程资料，多为教案设计，可以借鉴一些阅读材料组织策略。另外，教师也可以使用搜索引擎，在网上找类似的免费教案。

如果教师在网上找到了自己所需的资料，并打算使用这些课程的资料，可以写信告诉作者，附上你的课程大纲、学生人数等说明信息，获得版权所有者允许后，才能够使用。有时需要向作者本人或出版社支付一定的费用。

如果引用了别人的网站或文章内容，在未经作者或网站许可的情况下，不能将别人的文章复制到自己的课程网站中，甚至不能在课程框架中显示对方的网站，这也算侵犯版权，只能使用"超链接"链接到对方的网站。

活动 4   保护 Word 文档的版权

Word 文档是承载教学材料的手段之一，比如一些提供给学生阅读的文章、一些提供给学生参考的优秀学生作业。这些材料通常只是供学生下载阅读，不希望学生通过"复制和粘贴"直接将其中的内容用于自己的作业或论文。在这个活动中，你将了解一些保护 Word 文档的方法。

那么，我们可以怎么做？

■ 方法 1：信息权限管理（Information Rights Management）

使用 Office Word 软件的信息权限管理，决定谁有权访问和使用文档，并保护文档不受非法打印、转发或复制。

■ 方法 2：设置文档密码

设置 Word 文档密码来控制阅读者和使用者的权限。

■ 方法 3：转化文档格式

将 Word 文档转化成 PDF 格式，限制文档只能阅读，不能复制和打印。

⚠ **特别提醒**

如果你想要使用信息权限管理，请参阅：

http：//technet. microsoft. com /zh-cn /library /cc179103（v＝office. 14）. aspx.

以上介绍了三种可以使用的方法，其中设置文档密码的方法是最简便的做法，同时其对于文档的权限管理只有是否可读、能否编辑，这种方法无法限制阅读者复制其中的文字或是打印文档。信息权限管理是微软公司开发的持久文件级技术，该技术使用权限和授权帮助防止未经授权的个人打印、转发或复制敏感信息。这种技术可以适用于所有的 Office 文档，但这种方式对学生的邮件账户有所限制，并且使用时比较复杂。

在教学中，通过转化文档的格式来保护版权是较为有效且简便的方式。在将文档转化为 PDF 格式的同时，可以限制文档中的内容不能被选择或复制，也可以设置文档不能被打印。可以使用 Adobe Acrobat 专业版软件来将文档转化成 PDF 格式，也可以使用 FlashPaper 软件来将文档转化成 PDF 格式。表 2-1 对比了这三种方法，孰优孰劣将取决于使用者的需要。

表 2-1　保护 Word 文档版权的常用方法比较

做法	复杂度	优点	缺点
信息权限管理	★★★★★	专业保护 控制读取、编辑和打印的权限 非指定用户可邮件申请阅读权限	需要安装权限管理客户端软件 注册 Windows Live 账户 要求阅读者均有 Windows Live 账户
文档密码	★	操作简单 控制读取、编辑文档的权限	阅读者需要记住密码 容易破解
转化文档格式	★★	操作简单 控制读取、编辑和打印的权限	需安装相应软件 可以破解

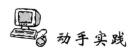 动手实践

操作 15　将 Word 文档转化成 PDF 格式

Office 2007 以上的版本均可以直接将文档转化成 PDF 格式，但是这种转化方法无法设定编辑和打印文档的权限。本教材推荐使用一款小软件 FlashPaper，可轻松设定 PDF 文档的编辑和打印权限。

下面，请跟随培训师，学习如何使用 FlashPaper 将 Word 文档转化成 PDF，并同时设定 PDF 文档的编辑和打印权限。在操作过程中，你可以随时将一些关键的操作要点记录在下面的方框中。

你也可以访问 Bb 9.1 速查手册＞10. 其他小工具使用＞10.1 FlashPaper 转化文档格式，学习关于 FlashPaper 软件的使用方法。

特别提醒

你可以访问 Adobe 公司的官网：https：//www. adobe. com/，然后下载 FlashPaper 软件。

活动 5 保护 PowerPoint 课件的版权

在教学中，PowerPoint 课件是常用的教学材料。教师们也经常会将上课时的课件和学生共享，作为学生回顾和复习的重要资料。对于 PowerPoint 这样的教学材料，我们怎样来保护其版权呢？在本活动中，你将了解一些如何保护 PowerPoint 课件的方法。

和 Word 文档一样，PowerPoint 课件也可以通过信息权限管理系统或设置文档密码的方法来保护其版权，但正如在活动 1 中所说，使用信息权限管理系统的版权保护方式较适合和少部分学生进行文档共享，而设置文档密码的方法无法限制阅读者复制及使用其中的内容。那么，是否也可以通过转化 PowerPoint 课件的格式来保护其版权呢？答案是肯定的。我们可以根据需要决定课件的呈现方式。

- 方法 1：将 PowerPoint 课件转化成 PDF 格式，这种方法可以限制课件只能阅读，不能复制或打印，但是无法保留课件原有的动画形式。

- ■ 方法 2：将 PowerPoint 课件转化成 Flash 格式，这种方法可以限制课件只能阅读，不能复制或打印，使用合适的软件可以有效保留课件原有的动画形式。

那么，我们可以使用什么软件呢？FlashPaper 和 Ispring Free 是经常用到的两款软件，表 2-2 中对这两款软件进行了对比。

表 2-2　PowerPoint 课件格式转化软件对比

软件名称	复杂度	转化格式	转化质量
FlashPaper	★★	PDF/Flash	静态图片形式
Ispring Free	★★	Flash	保留原有的动画特效以及交互动作

将 PowerPoint 课件转化成 Flash 格式后，就可以将这些动画格式的课件嵌入在北大教学网的课程中，这样做的好处是学生只有登录教学网才能浏览这些课件的内容，不仅可以进一步保护课件的版权，而且还可以借助教学网的辅助工具监控学生访问课件的次数和频率。

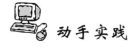 动手实践

操作 16　将 PPT 文档转化成 Flash 格式

使用 FlashPaper 转化 PowerPoint 课件格式与转化 Word 格式的文档相同，这里不再重复。下面，请跟随培训师一起操作，学习如何使用 Ispring 软件将 PPT 文档转化成 Flash 格式。在操作过程中，你可以随时将一些关键的操作要点记录在下面的方框中。

你也可以访问 Bb 9.1 速查手册＞10. 其他小工具使用＞10.2 Ispring 转化 PPT 的格式，学习关于 Ispring 软件的使用方法。

特别提醒

你可以访问 Ispring 的官网：http：//www.ispringsolutions.com/，然后下载该软件。

操作 17　在网络课程中添加 Flash 格式的课件

请跟随培训师一起操作，学习如何在自己的网络课程中添加 Flash 格式的课件。在操作过程中，你可以随时将一些关键的操作要点记录在下面的方框中。

你也可以访问 Bb 9.1 速查手册＞2. 建设课程内容＞2.6 使用文本编辑器，学习如何在网络课程中添加 Flash 格式的课件。

活动 6　总结与分享

1. 在本专题中，你了解了哪些重要的观点？请在下方横线上记录你的答案和其他人的总结。

_____

_____

_____

_____

2. 你学习了哪些关于建设网络课程的工具？你学会这些工具的使用方法了吗？

_____

_____

_____

_____

3. 你是否准备在今后的工作中使用这些工具？你计划如何使用呢？

_____

_____

_____

_____

专题 3　开展多种教学评价活动

教学评价是教学中非常重要的一项工作，可以帮助教师及时了解学生的学习情况，发现教学中的问题，调整教学的进度和安排。在 Bb 9.1 平台的网络课程中，可以开展哪些教学评价活动？如何借助平台的工具快速有效地收集这些教学评价活动的数据？在本专题中你将学习如何在网络课程中开展各种在线教学评价活动，以及如何将这些在线的活动和面授的评价活动相结合，以便形成全面评价学生的方案。

活动 1　了解教学评价的方法

简单地说，教学评价就是为学生的学习"把脉"，了解学生是否在学习、学得怎么样、哪里有问题，Bb 9.1 平台的网络课程中，提供了多种评价方法，在本活动中，你将了解可以在 Bb 9.1 平台的网络课程中开展哪些教学评价活动来了解学生的学习情况。

 课堂讨论

请思考下列问题，将答案写在横线上，然后按照要求，和全班分享你的答案，并记录你认为合理的其他人的观点。

1. 平时在课堂面授教学中，你最常用的了解学生学习情况的评价方法有哪些？

_____

_____

_____

_____

2.　你认为在网络课程中可以如何了解学生的学习情况？

_____

_____

_____

_____

 推荐阅读

网络课程中教师可以开展的教学评价活动

个人作业：如果教学安排是呈周期形式的，比如以周为循环，可以要求学生每周交作业，从作业情况了解学生的学习状况，这样不仅可以及时了解学生的学习情况，也可以避免学生作业堆积。比如，文科类的作业主要是写读书笔记，要求学生对阅读的资料进行比较、分析、综合、判断，并形成一定的结论；学语言的作业可能是将某段录音发给老师；等等。

小组作业：对于大学生来说，一些作业常常是小组合作的项目，对这样的作业如何判分，尤其是如何区分个人的分数，也是一直困扰教师的难题。在这方面，网上教学有一定的优势，比如可以要求小组在小组论坛中讨论项目中角色的分工、任务分解，教师可以经常访问这些小组论坛，了解每个人对小组项目的贡献。也可以要求学生在项目结束的时候，提交反思报告，阐明个人在项目进行过程中的学习收获、个人对小组成果的贡献、对项目作品最满意的地方、如果重做要修改的地方，等等，由此就能准确判断每个人的贡献。当然，作品的内容深度、与课程内容的相关性也是一个重要的评价指标。

在线测试：教师可以通过出一些与课程资料有关的概念题，制作成网上测试题的形式，比如判断题、单选或多选题，以及简答题，来检查学生的学习效果。这一活动可以用在教学之前，也可以用在教学之后。在教学之前的测试可以发现教学中需要特别强调的教学内容。如果这些测验题是提供给学生自测的，那么可以鼓励学生通过做题，发现知识漏洞，再去学习相应章节或其他参考资料。

同学互评/学生自评：让学生之间互相评价，并说明理由，可以看出学生对问题的看法，以及是否能够对所学知识融会贯通。

个人学习总结：有时可以要求学生进行阶段性学习总结，总结在这个阶段的所学所思所想，以及一些教训和心得。这个活动在某种意义上也可以归类到个人作业，对这样的作业的评价主要是从内容上看其是否满足作业的要求，从文章的组织上看其逻辑性和系统性，从文字上看语言阐述的清晰度等基本写作能力。

论坛讨论：讨论环节是了解学生水平、显示学生在课程学习中进步的有效手段。有时候教师不是通过作业，而是通过学生在论坛上的帖子质量来判断学生网上学习的表现。还可以利用一些网上教学平台系统的功能，了解到每位学生参与课程的情况，比如学习课程所用的时间、发表的帖子数等。

作品展示（学习档案袋）：网络教学平台可以为每个学生建立一个学习档案袋，允许学生自己挑选在这门课程学习期间所完成的作业和项目。学习档案袋可以汇集与学生学习成绩或持续进步有关的学生表现、作品等资料，适用于展示学生作品和进步、记录学生的成长轨迹。

表3-1列出了 Bb 9.1 平台中可以用于开展教学评价活动工具的优势。

表 3-1　　Bb 9.1 平台中可以用于开展教学评价活动的工具

在线教学评价活动	推荐使用的工具	优势
个人作业	作业/Safe Assignments/日志	可以在线自动汇集这些作业，批改后自动汇总作业成绩
小组作业	博客/日志/Wiki	在线自动汇集这些作业，批改后自动汇总作业成绩
在线测试	测试	主观题可以自动阅卷，如果需要，可以自动给学生答题反馈
同学互评/学生自评	自评与互评	随机生成评价对象，可以利用评价标准进行评价，分数可以自动统计平均分
个人学习总结	博客/日志	自动汇集，批改后可自动记录成绩
论坛讨论	班级论坛/指定论坛/小组论坛	可以通过"成绩指示板"了解并评价学生参与讨论的情况，给出的分数将自动汇集在成绩中心
作品展示（学习档案袋）	电子档案夹	学生自己在线设计和组织，可以选择对外公布

在线教学评价活动和 Bb 9.1 课程工具的对应关系

在 Bb 9.1 平台的网络课程中，可以使用很多工具来设计并开展教学评价活动，比如作业、测试、博客、日志、Wiki、自评互评等。

在本专题中，将重点介绍如何在网络课程中布置个人作业、开展在线测试、开展学生自评与互评活动。

关于小组作业将在专题 6 中有详细的介绍，论坛讨论活动将在专题 4 中详细讲解，学习档案袋将在专题 9 中详细介绍。

⚠️ **特别提醒**

日志需要教师布置一个主题后，学生才可以发布和该主题相关的日志，因此更适合作为作业。而博客中可以发表任意主题的文章，因此不便于作为作业批改。

活动 2　布置和批改在线作业

不论是个人作业还是小组作业，作业可以说是最常用的教学评价方法。布置作业时，教师需要清楚说明作业的要求，包括文件格式，建立评判这类作业的标准，并事先告知学生，以便学生在做作业时有准绳。教师要及时批改学生作业，点评学生的作业和网上学习表现，以此来鼓励学生。在本活动中，你将学习如何在网络课程中布置作业。

在活动 1 中，你应该已经了解在 Bb 9.1 平台中，可以通过工具"作业"、"SafeAssignments"、"日志"来向学生布置一个作业。

布置一个在线"作业"，不仅可以设定作业分数，限定作业的提交截止时间，学生还可以在线提交作业。

和工具"作业"相比，"SafeAssignments"是 Bb 9.1 平台的网络课程中提供的一种反抄袭工具，除了具备和"作业"相同的功能之外，它采用独特的原创性检测算法将学生提交的作业与数据库内批量收藏的作品进行对比，教师能够得到每一篇学生提交的文章反馈回来的原创性检测报告，报告详细阐述了检测的结果，如图 3-1 所示。一般 SafeAssignment 检测的数据库包括有：

> **⚠ 特别提醒**
>
> 　在提交 SafeAssignments 作业时，只能提交 Word（doc）/TXT /RTF /HTML /PDF 格式的文档，不能提交 JPEG /ZIP 等其他格式的文档。

■ 互联网：数以亿计的公众可获取的文件。

■ ProQuest ABI/Inform 数据库：有数百万篇当前流行的文章，且每周都在更新。

■ 研究机构的文档库：包括该机构的用户提交的所有文献。

■ 全球参考数据库（Global Reference Database）：包括全球各地学生们自愿提交的文献。

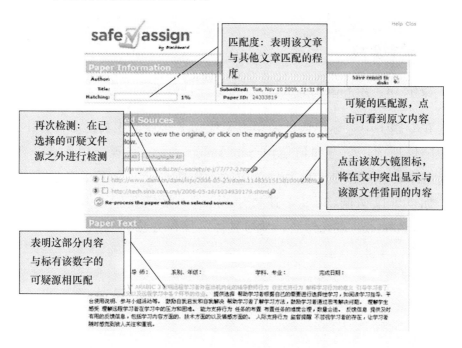

图 3-1　SafeAssignments 原创性检测报告

"日志"是 Bb 9.1 平台中新增的一个工具，它要求教师首先设定该日志的主题，然后学生就可以针对这个主题写日志来发表自己的看法。日志可以由教师设定该日志是否为"公开"。学生可以访问其他同学的"公开"的日志，并给予评论。如果该日志为"私人"的，即该日志只有教师和作者才可以看到。当使用"日志"来布置学生作业时，也可以设定满分。和"作业"相比，"日志"可以是一个系列，过程性地记录阶段性的反思以及作品完善修改的过程。图 3-2 为一个日志样例。

 请反思每周的学习成果和问题

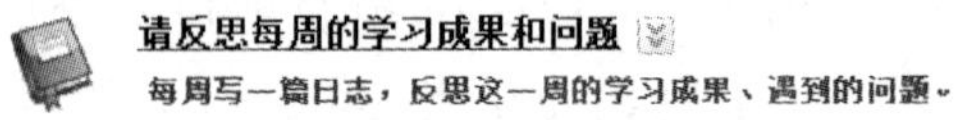

每周写一篇日志，反思这一周的学习成果、遇到的问题。

图 3-2 日志样例

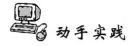 **动手实践**

操作 18 用 SafeAssignments 布置一项作业

在专题 1 中，你应该已经学习了使用"作业"工具的方法。下面，请跟随培训师，学习如何使用 SafeAssignments 布置一项作业。在操作过程中，你可以随时将一些关键的操作要点记录在下面的方框中。

你也可以访问 Bb 9.1 速查手册＞4. 收集及批改作业＞4.2 用 SafeAssignments 布置作业，学习具体的操作方法。

操作 19　用日志布置一项作业

请跟随培训师，学习如何使用"日志"布置一项作业。在操作过程中，你可以随时将一些关键的操作要点记录在下面的方框中。

你也可以访问 Bb 9.1 速查手册＞4. 收集及批改作业＞4.3 添加日志，学习具体的操作方法。

操作 20　批改学生提交的作业

在 Bb 9.1 平台的网络课程中，无论用什么工具布置了一项在线作业，只要设定了该项作业的满分成绩，那么在课程的"成绩中心"中就会自动生成一列记录该项作业成绩的评分列。请跟随培训师，学习如何批改学生已经提交的作业。在操作过程中，你可以随时将一些关键的操作要点记录在下面的方框中。

你也可以访问 Bb 9.1 速查手册＞4. 收集及批改作业＞4.5 批改作业，学习具体的操作方法。

特别提醒

"成绩中心"是记录和汇总所有学生成绩的地方。

操作 21   批改学生提交的 SafeAssignments 作业

请跟随培训师，学习查看 SafeAssignments 的反抄袭检测结果，并针对该项作业给出分数和评语。在操作过程中，你可以随时将一些关键的操作要点记录在下面的方框中。

你也可以访问 Bb 9.1 速查手册＞4. 收集及批改作业＞4.6 批改 SafeAssignments 作业，学习具体的操作方法。

特别提醒

Bb 9.1 平台的课程中，左侧控制面板的评分中心提供了选项"需要评分"，这提供了快速找到需要评分作业的通道。

操作 22　为日志作业评分

请跟随培训师，学习如何为学生提交的日志作业评分。在操作过程中，你可以随时将一些关键的操作要点记录在下面的方框中。

你也可以访问 Bb 9.1 速查手册＞4. 收集及批改作业＞4.7 批改日志及博客文章，学习具体的操作方法。

活动 3　利用量规客观评价学生

Bb 9.1 平台的课程中，提供了评价量规工具（Rubric），你可以为每项作业都设置一个评价量规，这样可以帮助学生更好地了解作业要求，也可以促进学生更好地完成作业，这也是减少评分纠纷的一种有效方法。

在 Bb 9.1 平台的课程中，评价量规（Rubric）是一个二维的表格，可以用于作业、日志、博客、论坛和 Wiki。在本活动中，你将学习如何设计评价量规，并应用到网络课程中对应的作业和学习任务中，学生可以在完成作业和学习任务时随时查看指定的评价量规。图

3-3 为评价标准 Rubric 样例。

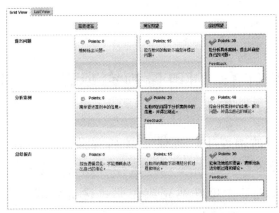

图 3-3　评价标准 Rubric 样例

在为作业或学习任务指定评价量规后，教师可以在评分时直接勾选评价量规中的各个评价维度的等级，还可以在不同的等级给出不同的反馈，提交后系统将自动统计出学生应得的成绩。图 3-4 为使用评价量规为学生作业评分的界面。

图 3-4　使用评价量规为学生作业评分界面

推荐阅读

有效的评价量规所具备的特点

一个有效的评价量规能清晰地定义出"什么是高质量的学习"，

评价量规主要包括评价维度、评价等级和分级指标三大部分。一般来说，评价量规需要具备下列三大特点：

- 评价维度能紧密结合教学目标，体现评价教学目标是否达成的各个方面。
- 针对具体的评价维度，尽可能等距离地设定评价等级。
- 用具体的、操作性的描述性语言清楚地说明分级指标，而不是用抽象的、概念性的语言。通过分级指标，教师和学生能轻松地判断出自己所处的等级以及如何做可以获得提高。

除了以上三点之外，评价量规中还可以设定每个评价维度的权重，也可以为每个等级赋予一个分数。当评价需要给定一个分数时，就可以使用具备权重和分数的评价量规。

通过布置多种类型的作业，也可以客观评价学生

因为学生的学习风格不同，有时需要提供不同类型的作业，才能全面地展示学生的能力和学习效果。比如：北京大学教育学院的汪琼教授曾经在网上教《教学设计案例分析》课程，在该课程中她要求学生分析了三个案例：第一个案例是在网上论坛中演绎角色分析，有些同学很活跃，有些同学表现一般；第二个案例是阅读案例进行分析，在第一个案例中不突出的一些学生脱颖而出，表现出较强的阅读知识面；第三个案例是项目制作，另一些爱动手、善于合作的同学有上佳表现。通过这三个作业的情况，教师可以更加全面地了解学生的特点。

动手实践

操作 23　添加一个评价量规

请跟随培训师，学习如何在课程中添加一个评价量规。在操作过程中，你可以随时将一些关键的操作要点记录在下面的方框中。

你也可以访问 Bb 9.1 速查手册＞4. 收集及批改作业＞4.8 添加评价量规，学习具体的操作方法。

操作 24　为作业指定一个评价量规

请跟随培训师，学习如何为作业指定一个评价量规。在操作过程中，你可以随时将一些关键的操作要点记录在下面的方框中。

你也可以访问 Bb 9.1 速查手册＞4. 收集及批改作业＞4.9 为评分项目添加评价量规，学习具体的操作方法。

操作 25　利用评价量规批改学生作业

请跟随培训师，学习如何利用评价量规批改学生作业。在操作过程中，你可以随时将一些关键的操作要点记录在下面的方框中。

你也可以访问 Bb 9.1 速查手册＞4. 收集及批改作业＞4.10 利用评价量规批改学生作业，学习具体的操作方法。

活动 4　在课程中使用在线测试

在面授教学中，教师可以通过提问或随堂测试来了解学生的学习情况。在网络课程中，教师也可以设计一些在线测试的活动作为了解学生学习情况以及辅助学生学习的工具。在本活动中，你将学习如何在 Bb 9.1 平台的网络课程中开展在线测试活动。

Bb 9.1 网络课程中的在线测试活动主要是一种促进学生学习的形式，不建议将其作为正式考试评价的活动之一。在线测试一般可以用在课前预习阶段，这样教师就了解学生的知识储备情况，以便对面授教学的内容和重难点设计进行调整。在线测试也可以用于学生的课后自测，这类自测活动主要的目的应该是鼓励学生通过做题，发现知识漏洞以进一步学习。

如果要将在线测试作为正式的考试，就需要配合其他的监督方式和制度制约，比如对于时间的限制、网络环境的绝对支持、一些防作弊的措施等。

Bb 9.1 网络课程中的在线测试支持 17 种题型（如图 3-5 所示），其中最常用的题型有选择题、判断题、填空题、简答题等。另外，还可以利用题库自由组合生成随机试卷。图 3-5 为在线测试支持的题型的截图。

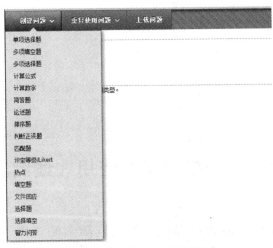

图 3-5 在线测试支持的题型

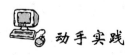 动手实践

操作 26 创建一个测试

在创建测试时，就可以对测试选项进行一些设置，比如是否记录测试的完成时间、测试的尝试次数、测试题目是否随机出现等。下

面，请跟随培训师，学习如何在课程中创建一个测试。在操作过程中，你可以随时将一些关键的操作要点记录在下面的方框中。

你也可以访问 Bb 9.1 速查手册＞5. 使用测试和调查＞5.1 添加空白测试，学习具体的操作方法。

操作 27　在测试中添加题目

下面，请跟随培训师，学习如何在测试中添加题目，并设定分数。在操作过程中，你可以随时将一些关键的操作要点记录在下面的方框中。

你也可以访问 Bb 9.1 速查手册＞5. 使用测试和调查＞5.2 在测试中添加题目，学习具体的操作方法。

操作 28 发布该测试

创建好测试后，如果没有部署，那么学生也是无法看到并完成这个测试的。教师需要发布该测试，即在课程中添加该测试的链接。下面，请跟随培训师，学习如何在课程中添加测试的链接。在操作过程中，你可以随时将一些关键的操作要点记录在下面的方框中。

你也可以访问 Bb 9.1 速查手册＞5. 使用测试和调查＞5.3 在课程中添加测试的链接，学习具体的操作方法。

> **特别提醒**
>
> 在添加测试链接时也可以新创建一个测试。
>
> 发布一个测试时，一定要将测试可用性设置为"可用"，否则学生看不到。

操作 29 批改测试

Bb 9.1平台的在线测试能自动批改单选题、多选题、填空题等客观题型，教师只需要手动批改简答题等主观题型。下面，请跟随培训师，学习如何批改测试。在操作过程中，你可以随时将一些关键的操作要点记录在下面的方框中。

你也可以访问 Bb 9.1 速查手册＞5. 使用测试和调查＞5.4 批改测

试，学习具体的操作方法。

教师还可以按照网络课程题库的格式要求对已有的一些教学考试题进行整理，然后批量上传到课程中，这样在创建测试时，就可以通过题库来选择题目或随机自动生成测试卷了。此外，在 Bb 9.1 平台网络课程中添加过的题目都将自动保存下来，教师可以通过"重复使用问题"来创建随机问题集，这样也可以快速生成不同的测试卷。关于题库的操作以及重复使用问题的操作，你可以访问 Bb 9.1 速查手册＞5. 使用测试和调查，学习更多的操作方法。

活动 5　开展自评和互评活动

评价是一种高阶思维能力，对自己和同伴的论文、研究报告、实验设计进行自评和互评不仅可以深化对问题的认识，也可以从同伴的反馈中获得建设性的建议。在本活动中，你将学习如何在网络课程中开展自评和互评活动。

 **课堂讨论**

请思考下列问题，将答案写在横线上，然后按照要求，和全班分享你的答案，并记录你认为合理的其他人的观点。

1. 你在教学中尝试过开展学生的自评与互评吗？你认为这种评价活动有什么作用和意义？

_____

_____

_____

2. 你认为在开展学生的自评与互评时需要注意什么？是匿名好还是不匿名好？

_____

_____

_____

_____

 推荐阅读

开展自评与互评的注意事项

要真正做好自评与互评并不容易，学生在自评与互评时，常常会根据自己的喜好而做出不很符合实际的评价，因此在开展自评与互评时，需要注意以下几点：

- 无论是学生的自评还是互评，都不是天马行空的臆断，而是基于一定的评价标准，评价标准越具体评价结果往往越客观。

- 评价标准的制定不应该是老师的"一言堂"，可以由师生一起讨论制定。

- 互评时为了保证评价的公平公正，最好随机分配互评作品。

- 在互评时设置匿名可以在一定程度上保证评价的公正性，设置不匿名则可以避免学生随便评价，两种方式各有其优缺点，应根据需要恰当设置。图 3-6 为学生在课程中看到的自评与互评活动的页面。图 3-7 为 Bb 9.1 网络课程中学生进行评估时的页面。

开题报告自评与互评

已启用: 统计跟踪

在这个活动中，先提交你完成的开题报告，然后按照评价标准进行自评，并针对其他 2 个同学的开题报告根据评价标准进行评分。

提交日期：2012年11月25日 14:21:00 到 2012年11月25日 14:36:00
评估日期：2012年11月25日 14:41:00 到 2012年12月9日 14:21:00

>>查看/完成测验

图 3-6　学生在课程中看到的自评与互评活动页面

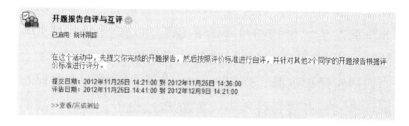

图 3-7　Bb 9.1 网络课程中学生进行评估时的页面

动手实践

操作 30　开展一个自评与互评活动

要开展一个自评与互评活动，首先需要为这个活动的开展做好准备，比如设计好这个活动的具体描述和要求、设置好这个活动有关的重要时间节点（提交被评价材料的时间段和开始自评与互评的时间段）、学生需要评价的数目、是否匿名评估等。

在课程中添加好自评与互评活动后，就需要为这个活动添加评价任务和评价标准了。在 Bb 9.1 平台的课程中，这个评价任务是采用测试问题的形式添加的，而评价标准是采用条件的形式添加的。

下面，请跟随培训师，学习如何在课程中添加一个自评与互评活动，为后续活动的开展做好准备。在操作过程中，你可以随时将一些关键的操作要点记录在下面的方框中。

你也可以访问 Bb 9.1 速查手册＞5. 使用测试和调查＞5.10 添加自评与互评活动，学习具体的操作方法。

操作 32　查看和统计自评与互评活动的结果

在学生进行自评与互评活动的过程中，教师可以随时看到学生提交任务的情况以及完成评估的情况。Bb 9.1 平台会根据学生的评分进行平均统计，在评估活动结束后，教师可以直接将评价分数发送至"成绩中心"，之后学生就可以看到自己的分数以及他人给自己作品的评分及评语了。

下面，请跟随培训师，学习如何查看和统计自评与互评活动的结果。在操作过程中，你可以随时将一些关键的操作要点记录在下面的方框中。

你也可以访问 Bb 9.1 速查手册＞5. 使用测试和调查＞5.11 查看和统计自评与互评活动的结果，学习具体的操作方法。

活动 6　统计学生的总成绩

"成绩中心"是记录和汇总所有学生成绩的地方。通过之前的活动，你已经了解到，当在课程中添加一项需要为学生评分的作业、任务或活动时，"成绩中心"就会自动生成相应的成绩列，以便记录学生成绩。"成绩中心"不仅在外观上和 Excel 表格类似，同时也具备相似的统计功能，如图 3-8 所示。在本活动中，你将学习使用"成绩中心"来统计学生的成绩。

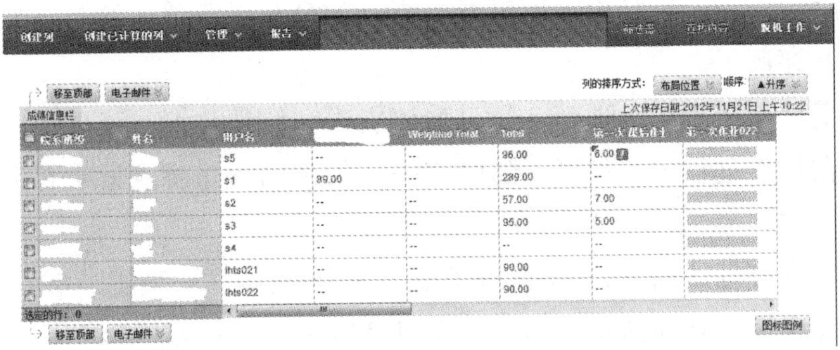

图 3-8　成绩中心页面

在统计学生成绩之前，首先需要确定相应的评分方案。一般，评分方案有两种类型：一种是评分方案的每项是具体的分数，这些分数的总和是 100 分；另一种是评分方案的每项都是 100 分，每项在总成绩中占一定比重，所有项的比重之和为 100％。表 3-1 和 3-2 分别列出了以分数为计算单位和以权重为计算单位的评分方案的样例。

表 3-1　以分数为计算单位的评分方案样例

评价项	分数
平时课堂表现（出席考勤、背诵作品、课堂表现）	10 分
课后作业（两次小论文）	10 分
诗作（两次）	20 分（各占 10 分）
期中考试卷面成绩	10 分（各占 5 分）

表 3-2　以权重为计算单位的评分方案样例

评价项	分数
课前/课后网上问题讨论（根据发帖数量与内容计算）	20％
登录网络教学平台并在线阅读文献资料（每周要求登录 2～3 次）	10％
及时提交所布置的课后作业（通过教学平台提交）	20％
分组学习并汇报成果（在教室进行并录像）	10％
期末论文（应在假期结束之前通过教学平台提交）	40％

　　如果你设计的评分方案是以分数为计算单位，也就是说各项作业、测试及活动的分数各不相同，总分加起来是 100 分，那么可以在"成绩中心"中添加"总计"列来自动统计学生的总成绩；如果你设计的评分方案是以权重为计算单位的，就需要要求每项作业、测试及活动的分数都是 100 分，在总分中所占的权重各不相同，这时可以在"成绩中心"中添加"加权"列来自动统计学生的总成绩。

 推荐阅读

设计评分方案的注意事项

　　一个好的评分方案既能公平合理地衡量学生的学习，又能激发学生的学习动机，设计评价方案时应该注意什么呢？

> **特别提醒**
>
> 　　课程评分方案可以放在教学大纲中，并在第一堂课上向学生进行介绍，好让学生做到心中有数。

- 评分方案的设计要以教学目标为依据，离开了明确具体的教学目标，分数就无法达到评价的目的。

- 设计评分方案时要对教学活动的各个方面做多角度、全方位的评价，既要考虑最后的考试成绩，也要考虑平时的表现。

- 设计评价方案时要考虑不同任务的难度和重要程度，根据不同任务的难度和重要程度合理地确定各项的分数或权重。

- 在设计教学评价时，不能就事论事，而应把评价和指导结合起来，要对可能的评价结果进行认真分析，从不同角度探讨因果关系，确认产生的原因，设计具有启发性的应对方案，以帮助被评价者明确今后的努力方向。

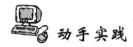 动手实践

操作 33　根据评分方案，统计学生总成绩

"成绩中心"可以根据你设计的评分方案自动统计出学生的总成绩，与前面的评分方案相对应。统计学生成绩有两种方式：添加"总计"列和添加"加权"列。

下面，请跟随主讲教师一起操作，学习如何在成绩中心中添加成绩总计列和成绩加权列，在操作过程中，你可以随时将一些关键的操作要点记录在下面的方框中。

你也可以访问 Bb 9.1 速查手册＞8.使用成绩中心＞8.5 统计总分，学习具体的操作方法。

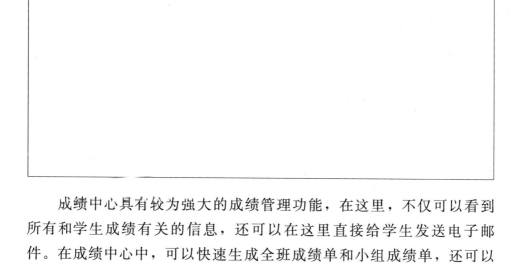

成绩中心具有较为强大的成绩管理功能，在这里，不仅可以看到所有和学生成绩有关的信息，还可以在这里直接给学生发送电子邮件。在成绩中心中，可以快速生成全班成绩单和小组成绩单，还可以批量下载所有的学生作业。此外，成绩中心的页面也是可以定制的，你可以根据需要设计符合自己使用要求的成绩中心。关于成绩中心的更多使用方法，可以访问 Bb 9.1 速查手册＞8. 使用成绩中心。

活动 7　总结与分享

1. 在本专题中，你了解了哪些重要的观点？请在下方横线上记录你的答案和其他人的总结。

_____

_____

_____

_____

2. 你学习了哪些关于建设网络课程的工具？你学会这些工具的使用方法了吗？

_____

_____

_____

3. 你是否准备在今后的工作中使用这些工具？你计划如何使用呢？

_____

_____

_____

_____

专题 4　网上教学互动技巧

不论是面授教学还是网上教学，学生之间的交流和师生之间的交流同样重要。各种形式的交流和讨论，可以帮助学生深入地理解所学习的内容，甚至激发出更有创意的想法。在使用 Bb 9.1 平台开展混合式教学的过程中，你可以创设自己的课程论坛，并在论坛中组织学生进行各种异步讨论活动，也可以使用即时沟通工具组织学生进行实时的讨论。那么，如何利用这些交流工具创造一个学生可以畅所欲言的学习环境？如何提高学生参与网上讨论的兴趣？在本专题中，你将会了解一些创设网上交流活动的方法，还将学习一些促进学生参与讨论的方法和策略。

活动 1　使用课程讨论板

在网络课程中，论坛是最常见的一种讨论环境。在 Bb 9.1 平台的课程中，你可以使用课程讨论板，并在其中创建若干论坛。在本活动中，你将规划自己课程的论坛数量和主题，并学习创建论坛和话题的方法。

在使用 Bb 9.1 平台课程的讨论板之前，需要先了解三个概念：讨论板、论坛和话题。

讨论板：是课程整体的讨论区，其中将会汇集课程中两种类型的讨论板，即一个课程讨论板和若干个小组讨论板。在指定的讨论板中，可以添加各种论坛。每门课程只有一个课程讨论板，一般以课程编号命名，但学生只能看到并访问该课程讨论板中的内容（即论坛）。只有在课程中添加了小组之后才会出现各个小组的讨论板，小组讨论板只有本小组成员才能访问和使用。图 4-1 为讨论板的初始页面。

讨论板

该页面列出了所有讨论板，包括针对小组的讨论板。单击"讨论板"来访问论坛。

讨论板	论坛	参与者	帖子
PKU-M-01	0	0	0

图 4-1 讨论板的初始页面

论坛：进入具体的讨论板中，就可以添加各种论坛。在课程讨论板中，只有教师才能添加论坛，也就是说，如果教师不事先在课程讨论板中添加论坛，学生将无法进行发帖的操作。在小组讨论板中，可以由小组成员自己添加论坛。在每个具体的论坛中，可以由教师或学生发起新的话题。

话题：俗称"帖子"。通常，在论坛中的讨论就是以发帖、回复的形式进行的。在发帖或回复时，学生可以发表自己的看法，可以总结一段内容，还可以上传一个附件。

 课堂讨论

请思考下列问题，将答案写在横线上，然后按照要求，和全班分享你的答案，并记录你认为合理的其他人的观点。

1. 你认为网络课程中是否需要根据不同的讨论主题或学习要求创建不同的论坛（如图 4-2 所示）？为什么？

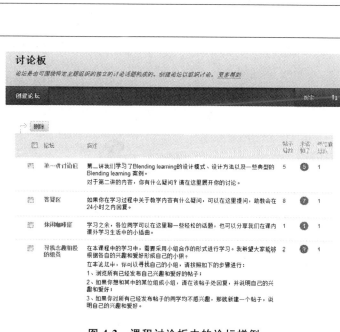

图 4-2　课程讨论板中的论坛样例

2. 你准备为学生提供几个论坛？这些论坛分别要求学生讨论哪些内容？

推荐阅读

规划网络课程讨论板的结构

实践证明，清晰且有条理的结构，有助于培养学生定期访问论坛的习惯。分块组织论坛的好处就是可以在固定的论坛中汇集相同主题的帖子。一个理想的课程讨论板可以包含有如图4-3所示的一些论坛。

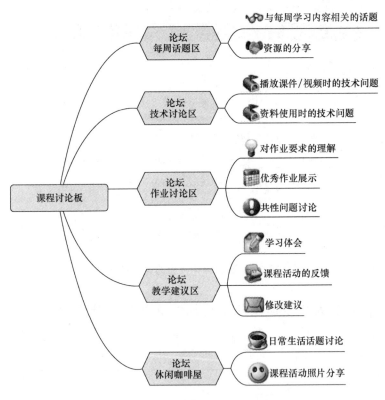

图 4-3 课程讨论板推荐结构

帮助学生更好地使用论坛

在开始网上讨论之前，需要在课上向学生介绍设置论坛的用意。还要要求学生：每个话题只谈一件事情，如果产生分支话题，就新起一个话题。单纯的话题，配合有效的话题组织结构，可以帮助学生快速找到感兴趣的话题，促进学生积极参与。

要求学生学习网络礼仪，了解网上交流的特点，比如因为网上看不到表情，玩笑话可能会惹怒别人，所以要慎用幽默。向学生介绍一些表达感情的符号，比如，"：)"、"：O"等，鼓励学生用这样的符号来表达感情，润滑沟通。

要求学生如果心情不好，不要发帖，避免将现实中的不快带入网络。另外，如果看到惹怒自己的帖子或者不赞成的观点，不要马上回帖，第二天再回，这样语气会舒缓些，避免矛盾激化。

要帮助学生了解如果自己所发的帖子没有得到立即回应，甚至没有人回应，这些在网上都是正常的，并不是针对哪个个人的。如果学生能够主动而定期地奉献，他们的一些帖子会收到回应，这是网上异步讨论的特点，好的一面是学生有足够的时间给出深思熟虑的回答，因此帖子的质量可能会高些。

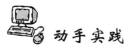 **动手实践**

操作 34　创建课程论坛

在创建课程论坛的时候，应该在描述部分说明学生在该论坛中可以讨论哪些内容，如果有讨论方面的要求，也可以在这里提出，这样可以方便学生知道自己的帖子应该发布在哪里。

下面，请跟随主讲教师一起操作，体验课程讨论区、论坛和话题之间的关系，了解创建课程论坛和话题的方法。在操作过程中，你可以随时将一些关键的操作要点记录在下面的方框中。

你也可以访问 Bb 9.1 速查手册＞6. 在线讨论交流＞6.1 添加论坛；Bb 9.1 速查手册＞6. 在线讨论交流＞6.4 添加话题，学习具体的操作方法。

操作 35　创建课程论坛的学生访问入口

学生可以通过课程工具中的"讨论板"访问看到所有的论坛，教师也可以在左侧菜单中新建一个导航，直接链接至课程讨论板，便于学生访问。如果有些论坛的使用是和教学活动结合在一起的。为了保证教学活动实施的流畅性和整体性，我们可以在教学内容的相应部分添加论坛的链接，将讨论活动和课件、作业等活动放在一起，这样学生就可以按照教师事先设置的学习流程来访问指定的论坛了。

下面，请跟随主讲教师一起操作，学习创建课程论坛的学生访问入口的方法。在操作过程中，你可以随时将一些关键的操作要点记录在下面的方框中。

你也可以访问 Bb 9.1 速查手册＞1. 设置课程＞1.5 修改课程菜单项；Bb 9.1 速查手册＞2. 建设课程内容＞2.11 添加工具链接，学习具体的操作方法。

活动 2　营造网上讨论的学习气氛

在课堂学习之后开展相应的网上讨论，有助于学生深入地理解课程内容。然而，这种网上讨论在实施中也会遇到各种问题。也许论坛的人气不够，总是非常冷清；也许论坛中的帖子大多是交换信息，很少有高质量的讨论。事实上，营造网上讨论学习的气氛是十分重要的，这也需要一些技巧，不能指望学生一开始就能很好地参与讨论和学习。在本活动中，你将了解一些营造网上讨论学习气氛的方法。

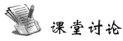 课堂讨论

请思考下列问题，将答案写在横线上，然后按照要求，和全班分享你的答案，并记录你认为合理的其他人的观点。

1. 你认为哪些因素可能会影响学生参与网上讨论活动的积极程度？

_____

_____

_____

_____

_____

2. 你认为教师在学生网上讨论过程中应该怎么做？

_____

_____

_____

_____

 推荐阅读

"加热"论坛的方法

■ 精心组织课程论坛结构。

分模块组织论坛，这样的好处是不同类型的帖子有不同的存放地方，便于教师和技术人员及时发现并快速响应一些问题，比如作业讨论区要求澄清的问题和需要技术解答的帖子。

另外，精心设置的分区有助于帮助学生养成使用论坛的好习惯。清晰的结构，配合有效组织的话题，方便学生快速找到感兴趣的话题，可以促进学生的积极参与。

■ 帮助学生养成论坛讨论的习惯。

首先，你可以和学生约定好发帖的要求。比如可以要求学生每周发三个帖子，每两天一个帖子：一个是原创帖，提出自己所关心的问题，这个问题可能源自本周的阅读和学习，也可以是受别人帖子启发而提出的新思考；第二个帖子是对别人帖子的回应，必须要谈自己的看法和观点，简单一句"好啊"、"同意"这样的帖子不算数；第三个帖子是对自己原创帖子所有回应帖的总结和评价。

其次，和学生约定，除非紧急情况，有关课程的所有讨论都必须在论坛进行，不能通过电子邮件。这个措施可以保证课程中所有讨论的历史都保存在一个地方，便于学生复习，也可以减少个人邮箱的压力。

第三，要提醒学生注意帖子的语言，有时候，一个帖子很少人回应，是因为这个帖子的措辞没有欢迎大家参与的意思。教师在课程一开始，就要示范那些受欢迎的帖子的样式，如在帖子的最后，可以通过抛出问题，来吸引大家参与。每个帖子的对象都应该是全班同学，让每个人都觉得是其中的一分子。

■ 提高论坛的讨论质量，丰富论坛中的活动。

首先，需要提供高质量的帖子，这就需要教师提出高质量的问题，并同时提供思考的支架。比如可以提供范例，如何写举证的帖子，如何有理有据地阐述观点等。另外一个产生高质量帖子的策略是：让提出话题的学生总结有关该话题的所有讨论，形成一个比较综合的帖子，作为每个话题的总结帖。

其次，你可以定期在论坛中举办一些活动，比如可以在每个教学周期集中讨论一个话题，由教师发起，规定讨论时间范围，到期就锁定话题，只能看，不能回复。在规定时间内，学生可以回复帖子来回答问题，这样可以有效地集中讨论。

第三，你也可以让学生分组讨论，讨论需要人气，人太少了，讨论不起来，2～3 人组成的小组易于观点深入交流，4～5 人的小组比较适合阅读讨论。分组形式可以是随机分组，也可以根据学生能力和经验分组，每次讨论都可以有不同的分组方式。

此外，你还可以设计一些观点投票活动，然后根据投票结果，组织一些辩论活动。或者要求学生收集某话题资料并在网站共享。

■ 教师不要抢答问题，要启发和鼓励学生讨论。

教师的作用是适时适度地给出辅助思考的问题，而不是给出答案。教师要控制自己，不能见到学生的帖子就马上回复，这样会让学生产生错觉，以为所有的问题都应该由教师来回答，因而不太积极地回应其他同学的帖子。

教师的主要作用是观察学生的表现，鼓励一些少参与的同学多发言，发现重要的观点提醒大家关注，而不是让自己成为讨论的中心。

需要注意的是，虽然教师不需要回复所有的帖子，但有一点很重要，在给每个学生的回信或回帖中，引用他们在论坛上的一些语句，可以表明教师虽然没有回应，但是还是认真看了他们的每个作业和帖子，能够关注到他们的学业情况。

设置不同的论坛属性以符合不同的教学需要

有时候需要根据不同的教学要求对论坛会有些特别的要求，比如，是否允许匿名发帖，是否允许成员评定帖子等。表 4-1 介绍了一些你可能需要用到的一些选项及其作用。

表 4-1 常用的论坛设置选项及其作用

论坛设置选项	使用效果	用处
允许匿名发帖	学生发帖和回帖均为匿名	收集学生反馈
允许成员订阅	有新帖发布或回复时发邮件通知	规定时间内的讨论活动
允许成员评定帖子	学生可以对帖子进行投票和评分	投票或推举活动
对论坛评分	将统计学生的发帖数量及情况	考查学生参与情况

在 Bb 9.1 平台的课程中，教师还可以设置论坛的管理员、评分者，以便由助教或其他学生帮助教师进行该论坛的管理和活动组织。一般默认的状态下，教师是论坛的管理员，学生均为参与者。

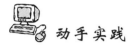 **动手实践**

操作 36　在论坛中开展投票活动

如在推荐阅读"'加热'论坛的方法"中提到，可以在论坛中设计一些观点投票活动，然后根据投票结果，组织一些辩论活动。这时，你只需要设定该论坛为"允许成员评定帖子"即可在该论坛中开展投票活动。在学生评定帖子时，系统将会根据大家的评定情况计算平均值。

在要求学生评定帖了时，一定先要求学生在一个话题（帖子）中用回复的形式发表看法或是分享材料，然后再进行评定活动，这样将会比较容易对比大家的评定情况。

下面，请跟随主讲教师一起操作，修改论坛的设置，并体会如何给帖子投票。在操作过程中，你可以随时将一些关键的操作要点记录在下面的方框中。

你也可以访问 Bb 9.1 速查手册＞6. 在线讨论交流＞6.2 设置论坛属性；Bb 9.1 速查手册＞6. 在线讨论交流＞6.6 回复话题，学习具体的操作方法。

特别提醒

不能对自己发布的帖子进行评定。

操作 37　组织定期讨论活动，过期锁定话题

如在推荐阅读"'加热'论坛的方法"中提到，可以在论坛中设计一些定期讨论活动，即在规定时间内，学生通过回复帖子来回答问题，到期后教师锁定该话题，这时学生只能阅读讨论结果，不能再回复。

下面，请跟随主讲教师一起操作，学习如何修改帖子的状态。在操作过程中，你可以随时将一些关键的操作要点记录在下面的方框中。

你也可以访问 Bb 9.1 速查手册＞6. 在线讨论交流＞6.5 修改话题状态，学习具体的操作方法。

操作 38　指定论坛的管理者或主持人

下面，请跟随主讲教师一起操作，学习如何为论坛设置管理员等其他身份。在操作过程中，你可以随时将一些关键的操作要点记录在下面的方框中。

你也可以访问 Bb 9.1 速查手册＞6. 在线讨论交流＞6.3 管理论坛

角色，学习具体的操作方法。

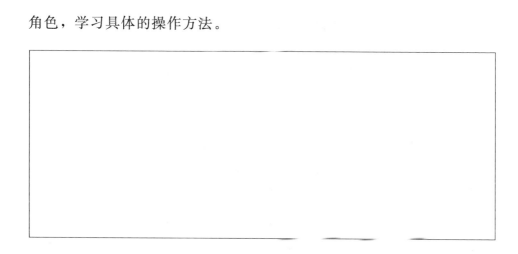

活动 3   网上讨论的监控和反馈

在开展网上讨论活动时，教师需要观察学生参与讨论的情况，及时发现学生的问题，提醒或是鼓励他们。这样做的好处是，一旦学生发现教师在关注他的学习进展，也会更加主动地挤时间学习的。另外，如果将论坛讨论的情况作为平时成绩的一部分，可以有效地促进学生参与网上讨论。在本活动中，你将学习如何利用 Bb 9.1 平台的工具监督并评价学生的讨论情况。

在 Bb 9.1 平台的网络课程中，可以通过成绩指示板来观察学生的讨论情况。图 4-4 为成绩指示板中的学生讨论情况页面。

论坛 △	帖子总数	上次发帖日期	帖子平均长度	帖子最小长度	帖子最大长度	帖子平均位置	分批
青寻用户会	3	Wed Sep 05 14:32:34 CST 2012	2	2	3	2	-
移动学习的使用方法	1	Wed Sep 05 12:12:59 CST 2012	9	9	9	9	-

图 4-4   成绩指示板中的学生讨论情况页面

在通过成绩指示板查看学生讨论情况时，还可以直接在这里向学生发邮件，用于提醒那些没有按时参加讨论活动的学生。一般可通过成绩指示板获得下列数据，单击论坛名进入后可以看到学生在该论坛中发布或回复的所有帖子。

- 帖子总数：在指定论坛中发布的帖子的数量。
- 上次发帖日期：最新一次的发帖时间。
- 帖子长度（字符数）：帖子平均长度/帖子最小长度/帖子最大长度。

如果事先设定了对论坛评分或对话题评分，那么也可以在为论坛和话题评分时看到学生的讨论情况。图 4-5 为论坛评分页面。

图 4-5　论坛评分页面

在 Bb 9.1 平台的网络课程中，对学生讨论进行评分有两种形式：为论坛评分或为话题评分。当需要评估整个论坛中学生的表现时，建议使用为论坛评分。当需要评价某一个话题中学生的表现时，就可以使用为话题评分。在使用为话题评分时，学生无法创建新帖子，只能回复帖子。因此，教师需要事先在论坛中添加好话题帖。

在设定评分时，都可以选择一个评价标准（Rubric），关于评价标准的设定和选择请参考专题 3 中活动 3 的内容。

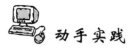

动手实践

操作 39 使用成绩指示板观察学生的讨论情况

下面，请跟随主讲教师一起操作，学习如何使用成绩指示板。在操作过程中，你可以随时将一些关键的操作要点记录在下面的方框中。

你也可以访问 Bb 9.1 速查手册＞7. 监督教学进度＞7.2 观察学生讨论情况，学习具体的操作方法。

特别提醒

在成绩指示板中还可以看到学生最近访问课程的时间。

操作 40 评价学生在整个论坛的讨论情况

首先需要设定该论坛的属性为"允许为论坛评分"，本专题的活动 2 中已经学习了如何修改论坛的属性。

下面，请跟随主讲教师一起操作，学习评价学生在整个论坛的讨论情况。在操作过程中，你可以随时将一些关键的操作要点记录在下面的方框中。

你也可以访问 Bb 9.1 速查手册＞6. 在线讨论交流＞6.8 为论坛评分，学习具体的操作方法。

（空白框）

操作 41　评价学生对特定话题的讨论情况

首先需要设定该论坛的属性为"允许为话题评分"，本专题的活动 2 中已经学习了如何修改论坛的属性。

下面，请跟随主讲教师一起操作，学习评价学生在特定话题的讨论情况。在操作过程中，你可以随时将一些关键的操作要点记录在下面的方框中。

你也可以访问 Bb 9.1 速查手册＞6. 在线讨论交流＞6.9 为话题评分，学习具体的操作方法。

（空白框）

活动 4　巧用网上交流工具

除了讨论板之外，教师还可以使用网络课程中提供的各种交流工具和学生互动，学生之间也可以使用这些工具进行自发的交流互动。在本活动中，你将了解 Bb 9.1 平台中可使用的交流工具及其使用的方法。

表 4-2 中列出了在 Bb 9.1 平台的课程中可以使用的交流工具。教师可以在课程中选择对学生关闭或开放这些工具。

表 4-2　Bb 9.1 平台的课程中可提供的交流工具

交流工具	可实现的功能	使用条件
讨论板/论坛	异步的讨论和有组织的讨论	教师预先添加好论坛，学生才可以在其中看账、发帖或回帖
通知	发布的通知将显示在课程中，也可以自动发送至学生邮箱	由教师发布，学生阅读
消息	和电子邮件类似，但只有登录平台后才能看到这些内容	学生和教师均可使用
电子邮件	只能发送电子邮件，通过预留在平台上的邮箱收取邮件	学生和教师需要预先在个人信息中输入准确的电子邮件地址
课程博客	学生可以相互浏览其中的文章，并给予评论	教师预先添加好课程博客
协作（聊天/虚拟课堂）	聊天为文字聊天；虚拟课堂中可以使用白板进行讨论和文件共享	学生和教师均可使用，建议由教师预先规划好这个活动的时间，再让学生参加
即时聊天工具，如 Wimba Pronto	和当前在线的班级同学进行实时聊天	Bb 9.1 平台中已安装该插件，若想使用则需预先注册账号，并下载客户端软件

讨论板/论坛：在本专题之前的活动中已经详细讨论了，在此不再重复。

通知：会自动汇集在公告中，每当新发布一个通知时，还可以选择将该通知自动发送至学生的电子邮箱。通知一般用于张贴和课程有关的信息，其优势在于学生登录平台时就可以看到所有的通知。图 4-6 为一条通知的页面。

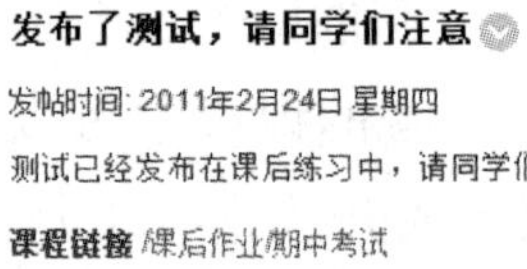

发布了测试，请同学们注意 ⌄

发帖时间：2011年2月24日 星期四

测试已经发布在课后练习中，请同学们按照要求完成。

课程链接 /课后作业/期中考试

图 4-6　一条通知的页面

发送消息/电子邮件：两者的功能类似，区别在于消息是保存在 Bb 9.1 平台中的，需要登录后才能看到。发送电子邮件这一工具的优势在于可以选择收件群体或个别用户，比如所有用户、所有小组，或者是某个小组等。如果想要成功使用教学网中电子邮件的功能，需要事先在 Bb 9.1 平台中登记自己的电子邮件地址。在"我的主页"中单击"工具"栏目中的"个人信息"，在编辑个人信息时输入自己的电子邮件地址即可。图 4-7 为发送电子邮件的页面。

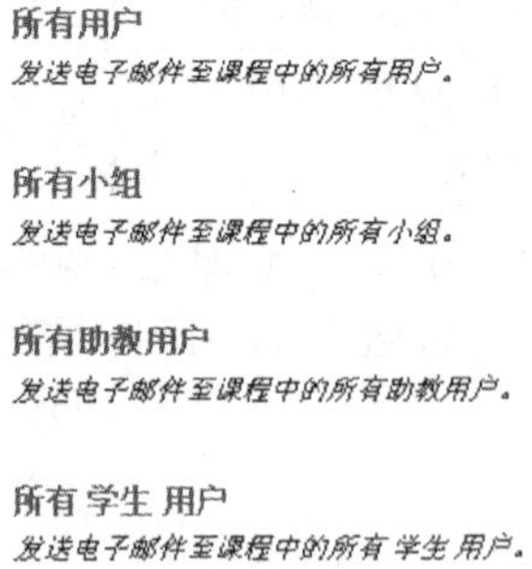

所有用户
发送电子邮件至课程中的所有用户。

所有小组
发送电子邮件至课程中的所有小组。

所有助教用户
发送电子邮件至课程中的所有助教用户。

所有学生用户
发送电子邮件至课程中的所有学生用户。

图 4-7　发送电子邮件页面（部分）

课程博客：博客主要是一种通过发布自己心得来和其他人进行沟

通交流的形式。在 Bb 9.1 平台的课程中，有两种博客形式：个人博客和课程博客。个人博客只有作者和教师能够访问，课程博客是全体同学和教师均可以访问。所以，要使用博客作为沟通交流工具时，一定要使用课程博客。图 4-8 为课程博客页面。

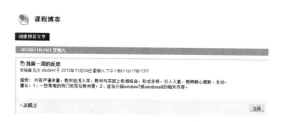

图 4-8　课程博客页面

协作（聊天/虚拟课堂）：支持实时的多人进行文字聊天，虚拟课堂中还提供有白板工具可以供演示。这一工具将在专题 8 中进行详细介绍。

即时聊天工具：在 Bb 9.1 平台中，即时聊天工具（Wimba Pronto）是系统插件工具，也就是说需要由系统管理员安装好该插件工具后，教师和学生才可以使用。使用这一工具，可以看到自己课程中在线的同学，并进行即时沟通。图 4-9 为 Wimba 聊天器。

图 4-9　Wimba 聊天器

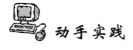**动手实践**

操作 42　设置学生可以使用的工具

下面，请跟随主讲教师一起操作，学习如何设置学生可以使用的工具。在操作过程中，你可以随时将一些关键的操作要点记录在下面的方框中。

你也可以访问 Bb 9.1 速查手册＞1. 设置课程＞1.7 设置学生工具，学习具体的操作方法。

操作 43　发布课程通知

下面，请跟随主讲教师一起操作，学习如何发布一个课程通知。在操作过程中，你可以随时将一些关键的操作要点记录在下面的方框中。

你也可以访问 Bb 9.1 速查手册＞9. 其他课程工具＞9.1 发布课程通知，学习具体的操作方法。

操作 44　发送电子邮件

下面，请跟随主讲教师一起操作，学习如何在课程中发送电子邮件。在操作过程中，你可以随时将一些关键的操作要点记录在下面的方框中。

你也可以访问 Bb 9.1 速查手册＞9. 其他课程工具＞9.2 使用电子邮件，学习具体的操作方法。

操作 45 发送消息和查看消息

下面，请跟随主讲教师一起操作，学习如何在课程中发送消息和查看消息。在操作过程中，你可以随时将一些关键的操作要点记录在下面的方框中。

你也可以访问 Bb 9.1 速查手册＞9. 其他课程工具＞9.3 发送和查看消息，学习具体的操作方法。

操作 46 添加课程博客

下面，请跟随主讲教师一起操作，学习如何在课程中添加课程博客。在操作过程中，你可以随时将一些关键的操作要点记录在下面的方框中。

你也可以访问 Bb 9.1 速查手册＞4. 收集及批改作业＞4.4 添加博客，学习具体的操作方法。

（空白框）

活动 5　总结与分享

1. 在本专题中，你了解了哪些重要的观点？请在下方横线上记录你的答案和其他人的总结。

_____

_____

_____

2. 你学习了哪些关于建设网络课程的工具？你学会这些工具的使用方法了吗？

_____

_____

　　3. 你是否准备在今后的工作中使用这些工具？你计划如何使用呢？

专题 5　教学视频使用技巧

随着计算机性能的大幅提高和视频技术的长足发展，视频技术在日常教学中得到了越来越广泛的应用。在网络课程中，我们可以很容易地添加视频课件，使用这种多媒体中最具表现力的媒体，来展示学习内容、激发学生兴趣，那么如何在网络课程中有效地使用视频来促进学习呢？如何获取、简单编辑或自己制作符合教学需要的视频上传到网络课程中呢？在本专题中，你将会学习在网络课程中使用视频的方法和技巧。

活动 1　在网络课程中使用视频

视频具有直观、生动、亲切的视听效果，能很好地激发学生学习的兴趣，使我们的教学更轻松、有效。在本活动中，你将了解如何在 Bb 9.1 平台的网络课程中添加视频。

在 Bb 9.1 平台的网络课程中，有四种添加视频的方式。

方法 1：在课程的编辑状态下，使用创建工具栏中的"创建视频"直接添加。添加的视频文件可以在页面中直接显示和播放，如图 5-1 所示。

方法 2：在课程的编辑状态下，创建项目、空白页面时通过使用编辑器中的添加工具来添加视频文件，添加的视频文件将可以在页面中显示和播放，如图 5-2 所示。

图 5-1 创建工具栏中有"视频"工具

图 5-2 Bb 9.1 平台网络课程的编辑器中可添加视频工具

方法 3：是方法 2 的一种延伸，这种方式需要借助外部视频网站。在课程的编辑状态下，创建项目、空白页面时通过使用编辑器中的添加工具来添加视频文件，添加时选择添加 Flash/Shockwave 文件，并使用源 URL 输入外部视频网站中视频的 Flash 地址，如图 5-3 所示。视频同样也可以在当前添加的项目页面或空白页面中显示。

 特别提醒

目前 YouTube、新浪播客、优酷、土豆网都支持方法 3。

1. 选择 Flash/Shockwave 文件

附加文件　　　　浏览"我的电脑"　　浏览 Content Collection　　源 URL

图 5-3 选择视频文件夹时使用源 URL

方法 4：是通过添加文件的形式将视频文件以附件形式提供，学生需要下载文件后在自己的电脑上观看。

使用前三种方法添加视频时，都可以设置显示视频的尺寸、是否自动启动以及是否循环启动，如图 5-4 所示。

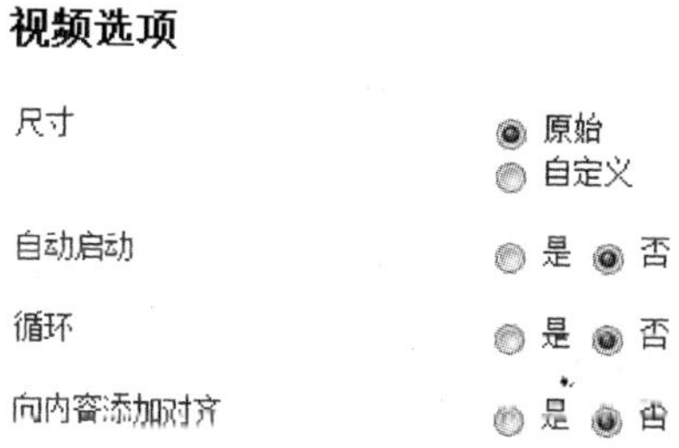

视频选项

尺寸　　　　　　　　　⦿ 原始
　　　　　　　　　　　◯ 自定义

自动启动　　　　　　　◯ 是　⦿ 否

循环　　　　　　　　　◯ 是　⦿ 否

向内容添加对齐　　　　◯ 是　⦿ 否

图 5-4　添加视频时的选项

需要注意的是，在方法 1 和方法 2 中添加视频后，虽然可以直接在页面中播放，但在播放过程中也需要有缓冲时间将视频下载到本地才能播放，这样的播放方式和方法 4 一样耗费时间，且多个学生访问时对系统的压力也会比较大。此外，添加视频时，并不是所有格式的视频文件都可以上传，目前 Bb 9.1 平台中可以上传的视频文件需要是下列格式：

MPEG/AVI 格式：MPEG（运动图像专家组）文件是数字压缩格式的视听文件。AVI（音频和视频交错）是用于存储音频和视频数据的微软文件格式。这些文件有以下扩展名：.avi、.mpg、.mpeg。

QuickTime 格式：QuickTime 是一种视频和动画系统，支持大多数格式。观看的用户（Windows 系统）需要安装 QuickTime 驱动程序才能查看 QuickTime 文件。苹果电脑用户可以直接观看。这些文件有以下扩展名：.mov、.qt。

Flash/Shockwave 格式：Adobe Flash 和 Shockwave 文件支持音频、动画和视频。它们是独立于浏览器的。这些文件有以下扩展名：.swa、.swf。

方法 3 中的做法是借助了外部视频网站的服务，但需要教师提前在相应的视频网站中注册并上传自己的视频，然后才可以在自己的课程中引用，这种做法的好处是学生观看时比较流畅，而且不会对系统造成太大压力。

如果负责管理整个课程平台的部门有开发实力，可以提供流媒体服务器和 Bb 9.1 平台的插件，这样教师可以通过添加流媒体的方式来添加视频，也是一种非常好的解决方法。

 推荐阅读

为什么要使用流媒体的方式来添加视频

流媒体并非一种新的媒体，而是指一种新的媒体传送方式。流媒体实现的关键技术就是流式传输。流式传输时，声音、影像或动画等媒体由音视频服务器向用户计算机连续、实时传送，用户不必等到整个文件全部下载完毕，而只需经过几秒或数十秒的启动延时即可进行观看。当声音、图像等媒体在用户机上播放时，文件的剩余部分将在后台从服务器内继续下载。流式不仅使启动延时成十倍、百倍地缩短，而且不需要太大的缓存容量。

近年来，流媒体技术快速发展。尽管网络流媒体影像视频在播放的稳定性和播放画面质量上可能没有本地影视视频优秀，但网络流媒体影像视频的广泛传播性使之正被广泛应用于视频点播、网络演示、远程教育、网络视频广告等互联网信息服务领域。

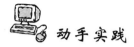 **动手实践**

操作 47　在课程中添加视频文件

下面，请跟随主讲教师一起操作，学习如何在课程内容中添加已有的视频文件，在操作过程中，你可以随时将一些关键的操作要点记录在下面的方框中。

你也可以访问 Bb 9.1 速查手册＞2. 建设课程内容＞2.8 添加视频，学习具体的操作方法。

特别提醒

添加视频课件后，一定要测试一下是否可以播放，播放速度如何。

操作 48　在课程中添加外部网站的视频文件

下面，请跟随主讲教师一起操作，学习如何在课程内容中添加外部网站的视频文件，在操作过程中，你可以随时将一些关键的操作要点记录在下面的方框中。

你也可以访问 Bb 9.1 速查手册＞2. 建设课程内容＞2.6 使用文本编辑器＞2.6.2 添加外部视频链接，学习具体的操作方法。

活动 2　合理地使用教学视频

合理地使用教学视频，可以帮助学生更好地进行学习。教师也可以借助视频在网络课程中开展更为丰富的教学活动。在本活动中，你将了解一些在教学中使用视频的方法和技巧。

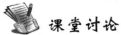 **课堂讨论**

请思考下列问题，将答案写在横线上，然后按照要求，和全班分享你的答案，并记录你认为合理的其他人的观点。

1. 平时在课堂面授教学中，你在教学中有没有用到过视频？是如何使用的？

_____

_____

_____

_____

2. 你看到过一些在教学中不恰当使用视频的例子吗？关于使用视频你有什么小技巧跟大家分享？

_____

_____

_____

_____

 推荐阅读

适合使用视频的教学情境

无论使用什么样的教学媒体，最终目的是为了实现更好的教与学。视频既可以真实地再现我们所处的世界，也能通过一些对时间和空间的特殊处理来达到戏剧化、创造性的效果。视频在教学中有很多应用，下面推荐了一些适合使用视频的教学情境：

- 在学习难以用肉眼观察到的或具有一定危险性的现象或事件时，教师可以使用视频来进行展示，如：高倍显微镜下的细胞结构、日食、火山爆发等。

- 在学习某项技能操作时，教师可以使用视频，让学生反复观察标准动作，然后进行模仿，也可以播放学生自己进行操作的视频，让学生观察自己的动作是否标准，不断改进。

- 在对学生进行情感教育时，教师可以播放视频来营造气氛，激发学生的情绪。视频具有强烈的情绪感召力，纪录片和宣传片对于人的情绪影响力尤其大。

- 在组织学生进行讨论时，教师可以播放视频，建立讨论的基础。如：学习处理矛盾、协商、销售技巧等时，可以播放一段视频作为案例，然后让学生进行分析和讨论。

在教学网中使用视频的小技巧

视频虽然有很多优点，但是如果使用不恰当可能达不到理想的效果，甚至弄巧成拙。下面介绍几个在教学网中使用视频的小技巧：

视频资料与文字资料结合使用

视频资料过多也会限制学生的发散思维，由于视频的感官冲击力大，学生往往受局限，所以一定的文字资料补充也是必要的，将文字形式和视频形式结合起来，既保留生动和直观，又给学生留有思考的空间，让学生对问题的思考有一定的深度和广度。

在网络课程中，你可以在视频的页面下方紧接着添加项目，补充必要的文字资料。

视频资料与其他的教学活动结合使用

仅仅只是观看视频并不能得到很好的教学效果，学生从视频中获得的往往是比较直观、粗浅的信息，观看视频可以和其他的教学活动，如反思、讨论，结合起来。

在网络课程中，你可以在视频的页面下方加上相应论坛的链接，让学生在观看视频之后对视频中的关键问题进行讨论。

最好不要直接放大段视频

大段视频容易让学生产生倦怠心理，而且一次播放信息过多，学生也容易遗忘。因此，建议你把比较长的视频截成 8～12 分钟的有意义的视频片断，在教学网中把截成的视频片断作为相应讨论话题的附件，让学生在讨论时先观看。

根据需要选择合适的视频格式

不同格式的视频文件在画面清晰度、所占空间大小方面都有所不同，带来的教学效果可能也会不同，因此，在使用视频时，要根据需要选择合适的视频格式。

视频可以分为适合本地播放的本地影像视频和适合在网络中播放

的网络流媒体影像视频两大类，表 5-1 从画面清晰度、占用空间大小等角度对常用视频格式进行了比较。

表 5-1 　常用视频格式比较

类别	格式	画面清晰度	文件大小	默认播放器
本地影像视频	AVI	★★★★★	大	Windows Media Player
	MPEG	★★★★	一般	Windows Media Player
	MOV	★★★★★	较大	QuickTime
网络流媒体影像视频	RM	★★	较小	Real Player
	ASF	★★★	较小	Windows Media Player
	WMV	★★★	较小	Windows Media Player
	SWF	★★★	较小	Flash Player
	FLV	★★★	较小	Flash Player

从表 5-1 中可以看出，如果对视频画面的清晰度要求比较高，建议选择 AVI 或者 MOV 格式；如果希望文件所占空间比较小，建议选择 RM 格式。

需要注意的是，目前 Bb 9.1 平台的网络课程中不支持 FLV 格式的视频文件，但这种格式的视频是目前增长最快、最为广泛的视频传播格式，它文件极小、加载速度极快，很多视频博客网站都使用的是这种视频格式，比如 YouTube、新浪播客、优酷等。

活动 3 　获取和编辑教学视频

在网络课程中使用视频的前提是获得合适的视频资源，有时候还必须根据需要对视频进行简单的编辑处理。在本活动中，你将了解一些获取和编辑教学视频的方法。

获取教学视频可以通过下列方式：

- 从网上下载。有许多专门的软件用于视频搜索，也有一些专门的视频资源库，找到需要的视频资源后可以使用下载工具（如迅雷）下载保存在自己的计算机中。
- 从录像片、VCD、DVD、教材配套光盘中获取。
- 直接用数码摄像机或者摄像头进行拍摄。
- 使用录屏软件录制计算机屏幕，制作成视频，这特别适合讲解在计算机上的操作。
- 使用一些课件制作工具制作自己的视频课件，在本专题的活动4中我们将学习如何用 Adobe Presenter 录制视频课件。

目前由于搜索技术的发展，很容易搜索到很多视频资源，但是作为在教学中使用的资源，一定要经过慎重选择。在选择视频资源时，需要考虑下列因素：

- 视频的内容应该和学生生活比较贴近，这样更能唤起学生的共鸣。
- 一定要选择画面清晰的视频，画面模糊、镜头晃动的视频反而会降低学生的学习兴趣。
- 尽量选择网络课程中能够支持的视频格式。

在找到内容合适、画质清晰的视频时，有时你可能会发现这个视频由于格式的原因不能添加在网络课程中，或者你的教学只需要这个视频中的部分片段，这时你就需要掌握一些转化视频格式、截取视频片段的简单方法。

 推荐阅读

常用且简单易用的视频格式转换工具

在教学中，你可能经常会遇到这样的情况：

- 因为格式不支持，播放器无法打开下载的视频文件。
- AVI 格式的视频占用空间太大，无法储存到 U 盘里。
- 用手机录制的视频无法在电脑上播放。

这时，你可能就需要进行视频格式的转换。视频格式转换的软件很多，表 5-2 中介绍了几个常用的视频格式转换软件。

表 5-2　常用视频格式转换软件

软件名称	可处理格式	可转换成的格式					
		AVI	MPEG	MOV	RM	WMV	FLV
WinAVI Video Converter	所有	✓	✓		✓	✓	
Canopus ProCoder	AVI MPEG MOV WMV	✓	✓	✓		✓	
Real Producer	MOV AVI MPEG				✓		
豪杰视频通	AVI DAT VOB MPEG	✓	✓		✓		
Flash 8 Video Encoder	AVI MPEG MOV WMV						✓

你可以根据需要选择合适的工具。一般来说，Canopus ProCoder 具有先进的滤镜和广泛的输入输出选项，Real Producer 在压缩时可以设定相关参数，这两款软件比较适合专业人士使用。豪杰视频通和 WinAVI Video Converter 都是非常流行的视频格式转换工具软件，界

面简洁、简单易用。而 Flash 8 Video Encoder 是专门用来将视频转换成 FLV 格式的软件。

常用且简单易用的视频截取软件

直接放大段视频容易让学生产生倦怠心理，一般情况下，8～12分钟的视频片段比较适合让学生观看。可以使用一些软件来将视频截取成片段，常用的简单易用的视频截取软件有 QuickTime、豪杰超级解霸、RealProducer、Windows Movie Maker 等，如表 5-3 所示。

表 5-3　常用的视频截取软件

软件名称	能截取的视频格式						截取后的视频格式
	AVI	MPEG	MOV	RM	ASF	FLV	
QuickTime	√		√				AVI/ MOV
豪杰超级解霸		√					MPEG
RealProducer				√			RM
Windows Movie Maker	√	√					WMV

Windows Movie Maker 是 Windows 操作系统自带的软件，不必另外安装，而且这个软件使用起来也非常方便。

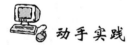动手实践

操作 49　转化视频格式

WinAVI Video Converter 是一款非常简单实用的软件，下面，请跟随主讲教师一起操作，学习如何使用 WinAVI Video Converter 进行视频格式转换，在操作过程中，你可以随时将一些关键的操作要点记录在下面的方框中。

你也可以访问 Bb 9.1 速查手册＞10. 其他小工具使用＞10.3 转化

视频格式，学习具体的操作方法。

特别提醒

你可以访问其官网：http://www.winavi.com/，然后下载 WinAVI Video Converter 软件。

操作 50　截取视频片段

Windows Movie Maker 使用非常简单，下面，请跟随主讲教师一起操作，学习如何使用 Windows Movie Maker 截取视频片段，在操作过程中，你可以随时将一些关键的操作要点记录在下面的方框中。

你也可以访问 Bb 9.1 速查手册＞10. 其他小工具使用＞10.4 截取视频片段，学习具体的操作方法。

特别提醒

使用 Windows Movie Maker 截取的视频片段是 WMV 格式。

活动 4　录制自己的视频课件

在教学中，我们可以使用合适的工具来自己制作视频课件。Adobe Presenter 就是一个可以用来快速创建电子教学内容和高质量多媒体演示文稿的软件工具。使用 Adobe Presenter 录制视频课件操作非常简单，制作好的课件是 Flash 格式，也可以很好地保护教师 PPT 的版权。在本活动中，你将学习这个小工具的使用。

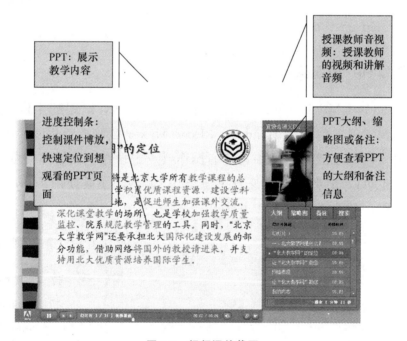

图 5-5　视频课件截图

图 5-5 是使用 Adobe Presenter 制作的一个课件截图。课件分为四个区域：左上侧显示的是教师的 PPT，左下侧是进度控制条，可以快

速定位到想要观看的 PPT 页面，右上侧是教师使用摄像机或摄像头录制的讲解视频，右下侧可以显示 PPT 的大纲、缩略图或者备注。教师可以在上课的时候，一边上课，一边使用 Adobe Presenter 将上课的过程录制下来。

录制好的视频课件可以用于下列用途：

- 教师可以课后将录制好的课件上传到教学网上，供学生复习使用。学生观看时，可以看到教师的图像，听到教师的讲解，就像又上了一次课一样，比仅仅看 PPT 效果要好很多。

- 教师也可以自己课后观看这个课件，反思自己在教学中是否存在问题，促进教师，特别是刚参加工作的新教师的专业发展。

Adobe Presenter 的功能非常强大，除了录制视频课件之外，它还能够在 PPT 中添加或编辑音频、添加 Flash 以及创建测验和调查等。

- 添加或编辑音频：可以为 PPT 添加旁白、音乐、分步说明以及任何其他声音内容，可以使用音频提供说明，或强调演示文稿中的要点。

- 添加 Flash：可以将其他的 Flash 文件添加到 PPT 中，并且 Flash 文件可以直接在 PPT 页面中播放。

- 添加测验或调查：可以为每个测验或调查添加单选、多选、填空等多种类型的问题，提交答案后，可以判断回答是否正确，还能设置问题无序播放、为测验设置通过分数等。

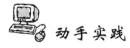

动手实践

操作 51　使用 Adobe Presenter 制作视频课件

安装 Adobe Presenter 之后，PowerPoint 中会新出现一个"Adobe Presenter"菜单，你可以从这里使用 Adobe Presenter。下面，请

跟随主讲教师一起操作，学习如何使用 Adobe Presenter 制作视频课件，在操作过程中，你可以随时将一些关键的操作要点记录在下面的方框中。

你也可以访问 Bb 9.1 速查手册＞10. 其他小工具使用＞10.5 制作视频课件，学习具体的操作方法。

 特别提醒

Adobe Presenter 软件的试用版可以从其官方网站下载，网址是：http：//www. adobe. com /products / presenter /.

在制作好这个视频课件之后，你就可以将其添加到网络课程中了。操作方法请参考本专题活动 1 中介绍的操作，或者访问 Bb 9.1 速查手册＞2. 建设课程内容＞2.8 添加视频，学习具体的操作方法。

本活动中介绍的是一种自己录制视频课件的简单方法，如果教师临时需要调整课时安排，可以采用这样的方式为学生补课，有些教师也会采用这样的方式为学生提供课后复习和资料。

如果教师想要把自己上课的情况录制下来，可以和学校提供有关服务的部门（教学发展中心、媒体制作中心或现代教育技术中心）联系，他们可以提供更为专业的课程录制服务。

活动 5　总结与分享

1. 在本专题中，你了解了哪些重要的观点？请在下方横线上记录你的答案和其他人的总结。

_____

_____

_____

_____

2. 你学习了哪些关于建设网络课程的工具？你学会这些工具的使用方法了吗？

_____

_____

_____

3. 你是否准备在今后的工作中使用这些工具？你计划如何使用呢？

_____

_____

_____

专题 6　小组合作学习策略

　　小组合作学习能培养学生的批判性思维、问题解决等高级思维能力，同时还能帮助学生掌握人际交往的方法和技巧，为适应社会做准备。设计并实施这样的教学，也将会为教师带来教学方法上的冲击和创新。在 Bb 9.1 平台的网络课程中，不仅可以轻松创建小组学习的环境，而且还可以通过一些辅助教学的工具来促进小组之间的合作和交流。那么，如何在网络课程中组织和指导小组学习？如何促进小组之间的合作和交流？在本专题中，你将会学习在网络课程中开展小组教学的方法和策略。

活动 1　了解小组合作学习

　　小组合作学习是一种富有创意的教学方法，为了成功实施这一教学方法，教师需要做好准备，了解小组合作学习的运作形式，并需要提升自己组织和管理小组学习的技能。在本活动中，你将了解成功的合作学习小组具备的特点。

 课堂讨论

　　请思考下列问题，将答案写在横线上，然后按照要求，和全班分享你的答案，并记录你认为合理的其他人的观点。

1. 你在教学中尝试过让学生分组进行合作学习吗？你是怎样做的？

_____

_____

_____

_____

2. 把学生分成小组，合作学习就发生了吗？为什么？

_____

_____

_____

_____

 推荐阅读

关于小组合作学习的一些误区

■ 把学生分成小组，就是合作学习吗？

并非如此，合作学习不是让学生做作业时一起讨论，也不是布置一个小组任务，却让一个学生完成所有的工作，其他学生只是在最终报告中签名。合作不仅是学生距离的接近，不仅是和其他同学讨论，也不仅是帮助其他同学或相互分享材料，尽管这些在合作学习中也很重要。

■ 学生一起完成一个任务，就是合作学习吗？

并不一定，如果只是在小组内将一个任务分解成几个小任务，大家各自来完成，分享信息的目的只是为了搞清楚怎么样来完成任务，组员之间相互依赖的水平很低，这并不是合作学习，至少不是好的合作学习。

■ 学生分成小组进行学习就一定会取得较好的成绩和效果吗？

并非如此，有时候，只是把一些成员分配到一个小组学习，但他们可能对小组的活动并不感兴趣。在这样的小组，成员之间并不会相互帮助和支持，甚至常常不能进行有效的沟通和交流，以致阻碍或干涉彼此的学习，甚至还有些成员可能会想不劳而获地搭便车。在这样的情况下，小组活动对于学生的学习没有任何好处，反而会影响学生个人的学习。事实上，不同的小组合作形式将会影响学生的成绩水平，正如图 6-1 所示。

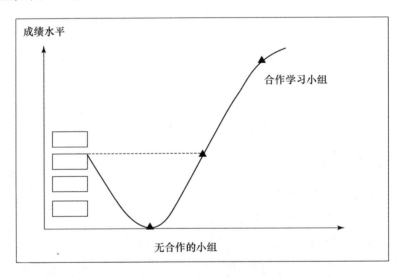

图 6-1 小组学习方式和学生的成绩水平之间的关系
（改编自伍新春，康长运. 合作学习［M］. 北京：北京师范大学出版社，2004）

合作学习小组的基本特点

美国当代著名教育家约翰逊兄弟于 1993 年提出了合作学习的五大要素：

■ 积极的相互依赖：学生发现只有互相合作才能完成任务。

■ 促进性的互动：学生相互帮助、分工合作、互相激励来促进彼此的学习。

- 个人责任：每位成员都必须做自己应该做的工作。

- 人际关系和相处技巧：学生需要彼此了解和信任，需要掌握一些人际沟通和交流的技巧，人不是天生就知道如何和其他人进行有效合作的。

- 自我评价：学生需要反思小组目前的工作状态，这对于小组的工作效率和最终的工作结果有很大的影响。

活动 2　创设小组的网上学习环境

Bb 9.1 平台的网络课程中，可以为小组学习提供一个网上讨论和协作的环境，以作为小组面对面交流讨论的有益补充。在本活动中，你将了解一些小组教学的方法，并学习如何创设小组的网上学习坏境。

 课堂讨论

请思考下列问题，将答案写在横线上，然后按照要求，和全班分享你的答案，并记录你认为合理的其他人的观点。

1. 你在开展学生小组活动时，一般是怎样分组的？是按照学生的能力水平差异来分组？还是让学生根据自己的兴趣自由组合？

_____

_____

_____

_____

2. 你认为小组规模的大小是否会影响合作学习的效果？如果有

影响的话，每个小组有多少学生比较合适？

_____

_____

_____

_____

 推荐阅读

常用的分组方法

- 随机分组法。

做法：首先确定小组人数和小组的数目，让学生报数（例如从 1 到 10）。有相同数字的学生组成一组（所有的"1"在一起，所有的"2"在一起）。

优势：比较简单，体现公平原则。适合在不熟悉学生的情况下使用。

借助工具：使用 Excel 的控件工具可以轻松实现随机分组。

- 分层随机分组法。

做法：首先根据学生的成绩由高到低进行排名；选择一名成绩好的、两名中等的、一名差的学生组合成一组，分组时可以稍做调整。

优势：可以在一定程度上弥补教师难以面向有差异的众多学生教学的不足，使学习困难者获得更好的发展，每组间的学习能力水平也较为一致。

借助工具：使用 Excel 的排序功能＋人工分配。

- 基于研究兴趣和喜好分组。

做法：让学生找到与自己"志趣相投"的组员，这种方法需要教师协调。

优势：相同研究兴趣可以增强小组之间的依赖和交互作用，激发学生的学习动机。

借助工具：可以创建专门论坛，论坛说明中说清分组的要求和规则，让学生自己进行分组。注意事先要求每个小组自己整理小组的名单，并通过电子邮件发给助教或主讲老师。

图 6-2 为分组讨论的截图。

寻找志趣相投的组员   o   o   o

在本课程中的学习，需要采用小组合作的形式进行学习。我希望大家能够根据各自的兴趣和爱好形成自己的小组。

在本论坛中，你可以寻找自己的小组，请按照如下的步骤进行：

1、浏览所有已经发布自己兴趣和爱好的帖子；

2、如果你想和其中的某位组成小组，请在该帖子处回复，并说明自己的兴趣和爱好；

3、如果你对所有已经发布帖子的同学均不感兴趣，那就新建一个帖子，说明自己的兴趣和爱好。

图 6-2 分组讨论

通常，基于兴趣和爱好而形成的小组学习效果是最好的。

需要注意到的是，典型的合作学习小组的规模一般是 2～4 人。在确定小组规模时请记住这条规律：时间越短，小组规模应越小；小组规模越大，为各组准备的材料则越多，而且为确保小组学习效果所需的沟通成本就越大。

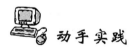 **动手实践**

操作 52　创建单个小组空间

在 Bb 9.1 平台的网络课程中，教师可以开辟出单个小组的学习空间。学生可以自己加入小组，教师也可以选择为每个小组分配成员。

下面，请跟随主讲教师一起操作，学习如何在课程中添加单个小组。在操作过程中，你可以随时将一些关键的操作要点记录在下面的方框中。

你也可以访问 Bb 9.1 速查手册＞1. 设置课程＞1.12 创建小组＞1.12.1 创建单个小组，学习具体的操作方法。

操作 53　创建小组集合

在 Bb 9.1 平台的网络课程中，教师还可以创建小组集合，在创建时可以选择集合中的小组数量，是否为小组随机分配组员，或者各小组由学生自由注册。

下面，请跟随主讲教师一起操作，学习如何在课程中添加小组集合。在操作过程中，你可以随时将一些关键的操作要点记录在下面的方框中。

你也可以访问 Bb 9.1 速查手册＞1. 设置课程＞1.12 创建小组＞1.12.2 创建小组集合，学习具体的操作方法。

在 Bb 9.1 平台的课程中，学生也有权限建立一个允许自行注册的小组，并在这个空间中开展自己小组的有关活动。

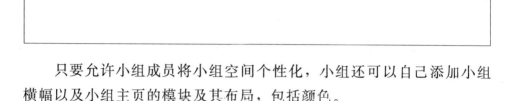

只要允许小组成员将小组空间个性化，小组还可以自己添加小组横幅以及小组主页的模块及其布局，包括颜色。

活动3　开展小组学习活动

准备开展小组合作学习之前，需要了解各个小组在网上学习环境中可以利用哪些工具，合理地使用这些工具来设计一些小组的任务，可以更好地帮助学生开展小组合作学习。在本活动中，你将进一步地了解网上小组学习环境，学习这些工具的使用，以便更好地设计活动并为学生提供指导。图6-3为Bb 9.1平台网络课程中的小组页面样例。

图6-3　Bb 9.1平台网络课程中的小组页面样例

一般，可以在网上开展的小组学习活动有：

- 与课程内容相关的讨论。
- 讨论学生个人研究写出的报告。
- 两两一组互相讨论评价。
- 辩论或角色扮演。
- 书评。
- 合作开发产品，如研究报告、实验报告、网页、多媒体演示、艺术作品等。
- 对教学活动、课程的内容、话题、结构和教学进度的观察和反思讨论。

不论开展何种小组学习活动，教师都需要为小组提供有关的学习材料。但可能每个小组需要完成不同的作业或任务，这时就可能需要阅读不同的材料，这时可以使用"适应性发行"来指定谁可以看到并使用某些教学材料，但需要注意的是，添加作业的同时就可以指定是否是小组作业了，如图 6-4 所示。

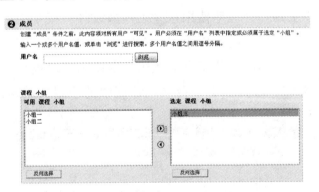

图 6-4 "适应性发行"页面中设定小组可见的部分

在 Bb 9.1 平台的网络课程中，每个小组都有一个属于自己小组的活动空间，在这里，学生可以进行小组讨论、实时文字聊天、共享文件、协作完成文章、共同经营小组博客等活动。表 6-1 列出了小组可用的学习工具。

　　教师在创建小组时，可以选择小组可使用的学习工具，并设定是否需要为部分活动评分。在小组工具中，博客、日志、Wiki 都可以设定分数。

表 6-1　小组网上学习工具

功能	页面	注意事项
小组内发送电子邮件		可以直接给某个成员或部分成员发邮件， 但需要提醒学生事先在个人信息处填写正确的邮件地址
小组内交换文件		小组成员可以发布文件， 发布的文件只有小组内成员可见
小组 Wiki		小组内成员进行编辑， 适合小组内协作完成一些任务
小组博客/小组日志		小组内成员均可以发布博客文章或日志文章。在小组活动中，博客和日志工具使用效果类似，所以建议使用一个即可

续表

功能	页面	注意事项
小组任务	创建小组任务 1. 任务信息 任务名称 描述	小组成员均可以创建小组任务，小组任务将显示在任务列表中，起到提醒的作用
小组实时聊天	协作会话 创建协作会话 会话名称　　工具　　起始日期 办公时间　　聊天 教室　　虚拟课室	小组成员随时可以使用，也可以设定固定时间段的聊天室，要求小组在约定的时间讨论
小组讨论板	论坛: 第一组 创建话题 话题操作　收集　删除 日期　话题 12-11-26 上午12:06　请大家投票选出小组编辑	小组成员可以发帖，但不能创建分论坛，教师可提前创建分论坛，引导小组内的讨论

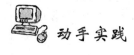 动手实践

操作 54　为小组指定学习材料

在为小组指定学习材料之前，首先需要为每个小组布置详细的学习任务，可以通过添加项目或作业的方式来布置，并在项目或作业的描述部分详细解释学习任务。然后再使用适应性发行规则将该部分内容指定给某个小组，这样就只有指定小组的成员才能看到这些内容。

下面，请跟随主讲教师一起操作，学习如何限定某个教学材料只有小组成员可以使用。在操作过程中，你可以随时将一些关键的操作要点记录在下面的方框中。

你也可以访问 Bb 9.1 速查手册＞3. 管理课程内容＞3.9 使用适应性发行，学习具体的操作方法。

 特别提醒

添加作业的同时就可以指定是否是小组作业了。

操作 55 体验小组学习工具

在利用小组学习工具设计小组活动之前，你首先需要了解并体验小组在网上利用这些工具进行学习的过程。

下面，请跟随主讲教师一起操作，体验学生使用小组工具进行网上学习的过程。在操作过程中，你可以随时将一些关键的操作要点记录在下面的方框中。事实上，这些工具的使用方法和课程中对应工具的使用方法相同，只是限定了使用对象而已。

 特别提醒

教师不需要加入小组，也可以访问资源和参加小组的活动。

推荐阅读

了解 Bb 9.1 平台的适应性发行

适应性发行主要是通过设置相应的规则，来决定学生是否可以访问该教学材料。表 6-2 列出了适应性发行可以设置的常用规则。

表 6-2　适应性发行可以设置的规则

规则	条件	操作	适用情况
日期	何时显示 何时消失	选择日期　☐显示开始时间　☐显示截止时间 2009 ▼ 十二月 ▼ 30 ▼ 📅　2009 ▼ 十二月 ▼ 30 ▼ 📅 下午 ▼ 04 ▼ 30 ▼　下午 ▼ 04 ▼ 30 ▼	规定学习的时间段
成员	谁可以看到 或哪个小组 可以看到	用户名　　　　　　　　　　浏览… 课程 个组　　　　　　　　选定 课程 个组 小组一 小组二 小组三	针对不同的学生或 小组提供针对性的 学习材料， 个别化教学
成绩	完成某作业 或作业分数 达到要求	选择成绩中心列　Flash制作技术课程作业 [0] ▼ 选择条件　◉ 对于此项目，用户至少有一次尝试。 用户提交测试、调查或作业，或者输入、修改成绩时， ○ 分数 小于或等于 ▼ ○ 分数 之间 和	自动诊断，并为不 同能力的学生提供 不同的学习材料， 个别化教学
复查 状态	是否已经看 过了某些材 料	4. 复查状态 创建复查状态条件之前，请为该项针对所有用户为可见。当用查看用户需要选项标记之为"已查看" 选择项目　　　　　　　　　浏览　清除	要求学生必须完成 哪些学习后才能进 入下一步

另外，还可以通过使用"适应性发行：高级"来创建上述若干规则的组合，进一步限定不同教学材料的使用方法。

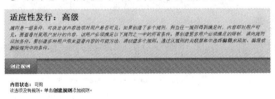

图 6-5　"适应性发行：高级"页面

— 120 —

活动 4　促进小组的合作交流

　　开展小组合作学习，有助于激发学生的思考，培养学生的批判性思维、问题解决等高级思维能力，同时还能帮助学生掌握人际交往的方法和技巧，为适应社会做准备。然而，小组教学在实施中也会遇到各种问题。也许小组之间的合作流于形式，成员之间并不会相互帮助和支持，甚至常常不能进行有效的沟通和交流，以致阻碍或干涉彼此的学习，甚至还有些成员可能会想不劳而获地搭便车。

　　事实上，促进小组进行合作是十分重要的，这也需要一些技巧，不能指望学生一开始就能很好地参与小组合作学习。

 课堂讨论

　　请思考下列问题，将答案写在横线上，然后按照要求，和全班分享你的答案，并记录你认为合理的其他人的观点。

　　1. 你认为学生在进行小组合作学习的过程中，可能会遇到哪些问题？

_____

_____

_____

_____

　　2. 你认为为了促进学生小组之间的合作，教师可以做哪些事情？

_____

_____

_____

_____

_____

 推荐阅读

促进小组合作的方法

让学生基于共同的兴趣和爱好组成学习小组。你可以在分组时让学生自由征集组员，教师需要协调小组规模在 4～6 人。在 Bb 9.1 平台的课程中，你只需要创建允许学生自行注册的小组即可，并说明这个小组的研究方向或事先指定小组的组长。

明确小组的学习目标，制定共同的奖分制。你可以使用项目的方式公布小组的学习任务以及评价方案，确保所有小组都能看到，并引导学生在小组论坛中讨论学习任务，确保所有成员都对学习任务具有正确的理解。

小组内合理分工，并制定沟通规则。你可以引导学生在小组论坛中讨论分工，并确定沟通规则，比如，需要每周发布几个主帖，需要回复几个帖子，回帖不能是灌水帖。

教授沟通合作技巧，提供示范案例。你可以使用项目的方式为学生提供小组合作的优秀案例，或是在论坛中教授学生如何进行有效的沟通和交流。

观察小组合作情况，及时反馈并指导。你可以借助教学网课程中的"成绩指示板"观察每个组员参与小组讨论的情况，或使用回帖或电子邮件的方式将结果及时反馈给个人和小组，你还可以经常访问小组的论坛、博客了解小组的活动进展。

引导个人反思小组的合作情况。你可以提供反思工具，比如调查问卷，帮助学生反思小组合作的情况，总结遇到的问题，或者在课程讨论板中开设小组合作论坛，鼓励学生在这里发表并讨论小组合作过程中的问题。

评价小组的合作学习情况

小组合作活动的记分通常根据三部分数据来定：对小组合作的成果打分，对小组成员的合作性打分，根据每个成员的反思打分。其中对小组成员合作性的评价具有一定的共性，表 6-3 给出一个小组合作学习的评价量规样例。

表 6-3　小组合作学习评价量规样例

维度	0分	2分	3分	4分
合作性	不参加讨论，或对别人的意见不表态	参加讨论，但不评价别人意见，或者不听别人的意见	积极参加讨论，但是没有迹象表明重视别人意见	积极参加讨论，尊重别人观点
贡献量	对项目完成没有贡献	参与项目，但活动做得不好	参加项目工作，做得不错	参加项目工作，质量很高
参与度	没有参加小组活动	偶尔参加项目活动	经常参加项目活动	一直参加项目活动

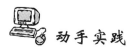 **动手实践**

操作 56　使用成绩指示板观察小组的讨论情况

在开展小组学习的过程中，教师需要不断地观察学生的学习行为，并了解小组学习的进度，以便及时发现学生的问题并给予指导。

如果发现学生的讨论偏离了主题，可以回复学生的帖子，提出一些相关的启发性问题，也可针对学生的讨论进行一些点评。

关于成绩指示板的使用在专题 4 中已经有详细介绍，你可以参考专题 4 活动 3 的内容，或者访问 Bb 9.1 速查手册＞7. 监督教学进度＞7.2 观察学生讨论情况，学习具体的操作方法。

需要注意的是，在为学生提供反馈时，应该是具体的说明而非泛泛的提醒。例如，"是的，那是一种找到段落大意的方法"就比"是的，那是对的"要好。更具体的说明，可以进一步强化学生的学习行为，促进学生的记忆和理解。

操作 57　为小组提供指导

在开展小组学习的过程中，教师需要适时地引导学生的学习，必要时要进行干预。有时也可以为学生提供一些参考材料以开拓学生的思路。你可以给整个小组成员发送电子邮件，也可以使用小组工具中的"文件交换"为小组提供额外的参考资料。关于电子邮件的操作可以参考专题 4 活动 4 的内容。

下面，请跟随主讲教师一起操作，学习如何使用"文件交换"。在操作过程中，你可以随时将一些关键的操作要点记录在下面的方框中。

你也可以访问 Bb 9.1 速查手册＞9. 其他课程工具＞9.4 使用文件交换工具，学习具体的操作方法。

活动 5 总结与分享

1. 在本专题中，你了解了哪些重要的观点？请在下方横线上记录你的答案和其他人的总结。

_____

_____

_____

_____

2. 你学习了哪些关于建设网络课程的工具？你学会这些工具的使用方法了吗？

_____

_____

_____

_____

3. 你是否准备在今后的工作中使用这些工具？你计划如何使用呢？

_____

_____

_____

_____

专题 7　鼓励学生自主学习策略

在开展混合式教学的过程中，教师需要帮助学生学会如何在网络课程中开展自主学习。为了鼓励学生的自主学习，教师需要从学习环境创设、学习过程引导、学习技能培养等方面做好规划。那么，如何在网络课程中营造鼓励学生自主学习的环境？如何借助一些小工具来培养学生自主学习的技能？在本专题中，你将学习一些在网络课程中鼓励学生自主学习的方法和策略。

活动 1　了解自主学习能力

自主学习概括地说就是"自我导向、自我激励、自我监控"的学习。开展混合式教学，要求学生具备一定的自主学习能力。在本活动中，你将了解自主学习能力的具体表现以及培养学生的自主学习能力的方法。

 **课堂讨论**

请思考下列问题，将答案写在横线上，然后按照要求，和全班分享你的答案，并记录你认为合理的其他人的观点。

1. 你认为自主学习能力强的学生具有哪些特征？

2. 你认为可以从哪些方面来培养学生的自主学习能力？具体可以怎么做？

 推荐阅读

自主学习能力的具体表现

学生的自主学习能力非常重要，但现实的情况却是大多数学生习惯于老师的"灌输"，习惯于遇到问题就问老师。一个自主学习能力强的学习者常常表现出下列四个特点：

- 会设置有效的学习目标。
- 拥有充足的学习策略，能够监控、调节自己的学习过程。
- 能够有效地管理和使用自己的学习时间与资源。
- 能评估自己的学习效果。

培养学生的自主学习能力

要使学习者从依赖教师转变为自主学习，教师就需要有计划、有步骤、从少到多、从简单到复杂，逐步把学习任务交还给学生，逐步培养和发展学生上述的能力。只有教师的主导作用发挥得好，学生才能在教师的指引下逐步培养自主学习的能力。

教师可以结合自主学习能力的具体表现来培养学生的自主学习能力，比如帮助学生设定合理的学习目标，为学生提供一些学习策略和学习方法的示范，帮助学生掌握时间管理的方法等。培养学生的反思和评价能力也可以帮助学生提升自主学习的能力。在教学中，教师可以通过下列做法来培养学生的自主学习能力：

- 和学生一起制订学习计划，引导学生学会时间管理。
- 建议学习活动的开展顺序，指导学生学会学习。
- 提供或推荐学习工具，提高学生获取学习资源的能力。
- 组织论坛的讨论活动，教会学生学会提问。
- 开展自我反思活动，引导学生在反思过程中继续学习。
- 开展自评和互评活动，发展学生的高级思维能力。

在 Bb 9.1 平台的网络课程中，你可以通过组织系列在线的活动来培养学生的自主学习能力，也可以为学生提供一些有用的工具来提高自己学习的效率和能力。在后续的活动中，你将学习这些工具的使用。

活动 2　创设学生自主学习的环境

在传统的课堂讲授教学中，教师是教学的主体，学生是教学的客体，很多学生抱着消极被动的"要我学"心态，缺乏主动学习的愿望和要求，而自主学习强调学生的自主性，强调学习者自主管理学习的能力。在本活动中，你将学习如何在 Bb 9.1 平台的网络课程中创设学生自主学习的环境。

表 7-1 从学习动机、学习内容、信息来源等方面对网上自主学习和教室听讲学习进行了比较。可以看出，创设网上自主学习环境时，

可以从激发内在学习动机、提供丰富学习资源的角度为学生提供一个主动探索学习的空间。

表 7-1　网上自主学习与教室听讲学习的比较

	网上自主学习	教室听讲学习
学习动机	内在驱动	外在的强制力量
学习内容	自己感兴趣、有意义的内容，可以超越书本知识	以教科书为主、教师布置任务
信息来源	渠道广泛	教科书、教师
师生角色	以学生活动为主 教师起协调、促进、指导作用	以教师活动为主 教师有权威、控制作用
学生态度	主动求知、探索、创新	学生被动接受

在自主学习中，学生可以选择自己感兴趣、有意义的内容，可以超越书本知识，这对教师来说是一个很大的挑战，因为对于一个主题，教师没办法提供所有的相关材料来供学生选择。一般教师可以推荐一些搜索关键词来引导学生使用搜索引擎去获取有用的资料。但是使用搜索引擎，无论搜索与一门课程或是一份作业相关的资源还是搜索学科专业知识都能搜索到海量信息。不幸的是，要从网络的海量信息中寻找到有价值的学术资料信息非常困难。社会化书签（Social Bookmark）能在一定程度上解决这个问题。使用社会化书签，使用者能够存储或标记他们喜欢的网页，也可以按照他们喜欢的方式分类标记网页。

在 Bb 9.1 平台的网络课程中，教师可以使用 Scholar Bookmark 和 Scholar Stream 在课程内容中添加社会化书签或社会化书签集合的搜索结果，通过别人标记的社会化书签来搜索网页，可以更方便地为学生提供有价值的学习资料，如图 7-1 所示。

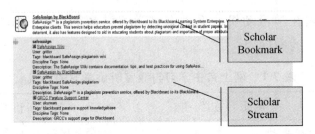

图 7-1　在课程中添加的 Scholar Bookmark 和 Scholar Stream

另外，在 Bb 9.1 平台的网络课程中，教师还可以使用"学习模块"为学生提供学习序列（如图 7-2 所示），以这样的方式来引导学生更好地阅读和完成活动。在"学习模块"中，教师可以设定"强制按顺序阅读或完成任务"，这样有序地呈现学习资料对于学生进行自主学习很有帮助，尤其在资料比较杂乱时，这样的学习模式不会导致迷航。

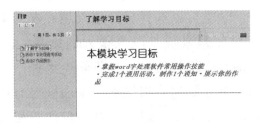

图 7-2　学习模块页面

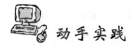动手实践

操作 58　使用学习模块

学习是一个循序渐进的过程，有序呈现学习资料对于学生进行自主学习很有帮助。

下面，请跟随主讲教师一起操作，学习如何在课程中添加学习模块以及如何在学习模块中添加阅读材料和其他活动。在操作过程中，你可以随时将一些关键的操作要点记录在下面的方框中。

　　你也可以访问 Bb 9.1 速查手册＞2. 建设课程内容＞2.7 添加学习模块；Bb 9.1 速查手册＞2. 建设课程内容＞2.7 添加学习模块＞2.7.2 在学习模块内添加教学材料和教学活动，学习具体的操作方法。

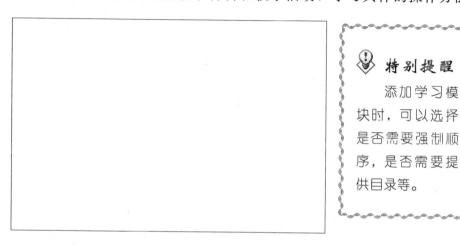

⚠ **特别提醒**

添加学习模块时，可以选择是否需要强制顺序，是否需要提供目录等。

操作 59　使用社会化书签

　　社会化书签是 2004 年互联网出现的一种新的内容标引方法。Bb 9.1 平台的网络课程中可以使用社会化书签的插件是 Scholar Bookmark 和 Scholar Stream。添加 Scholar Bookmark 与添加 Scholar Stream 的区别在于，添加 Scholar Bookmark 实际上是添加了单个网页，而添加 Scholar Stream 是添加了标记了相同社会书签的一组网页。在添加 Scholar Stream 时可以设定添加的结果数（n），然后将搜索结果中前面 n 项显示在 Scholar Stream 中。

　　下面，请跟随主讲教师一起操作，学习如何在课程中添加 Scholar Bookmark 和 Scholar Stream（书签集合）。在操作过程中，你可以随时将一些关键的操作要点记录在下面的方框中。

　　你也可以访问 Bb 9.1 速查手册＞2. 建设课程内容＞2.12 使用社

会化书签，学习具体的操作方法。

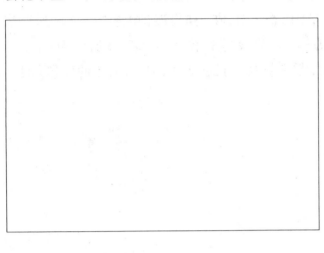

特别提醒

要使用这个插件，需要系统管理员在系统中进行安装，并授权给课程使用。

除了有序地提供学习材料，以及提供搜索工具之外，教师还可以组织一些论坛讨论的活动，或要求学生通过日志定期反思学习成果，或开展一些自评和互评的活动，这些活动都可以和学习模块整合在一起作为学习序列的一部分。关于在网络课程中开展论坛讨论的方法请参考专题4 的内容，使用日志和开展自评和互评活动的方法请参考专题3 的内容。

推荐阅读

组织网络课程教学内容时激发学生学习的内在动机的方法

自主学习的支撑点在于学生自己想学，并乐于学习。要想使学生乐于学习，激发学生的学习动机非常重要。在组织和呈现网络课程教学内容时，可以采用下列的办法，来激发学生进一步学习的兴趣和动机。

使用多媒体手段：可以运用多媒体等教学手段，为学生创设学习情境，激发学生学习兴趣。比如，你可以在教学内容中添加相关的音视频资料，或者上传一些动画格式的课件。

充分利用问题：设置合适的问题情境来激发学生的理性认知兴

趣。一个好的问题应具备四个特征：一是问题是现实的、有趣的；二是问题具有较强的挑战性和探索性；三是问题的解决具有解法的多样性和思维多样化；四是问题能推广或扩充到各种情形。比如，你可以在网络课程中上传教学材料时，在说明处提出一些好的问题，吸引学生进一步学习和阅读。

激发学生的成就感：在学习中取得成功，能产生克服困难的动力，激发学习愿望。教师对学生经过努力所取得的点滴成功，都要给予积极的鼓励。比如，你可以及时发现学生的优秀表现，并通过写邮件、在论坛发帖等方式及时给予鼓励表扬。

活动 3　引导学生管理自己的学习

当学生在网络课程中进行自主学习时，教师可以引导学生管理自己的学习过程，在这个过程中，教师可以发挥监督和指导的作用。在本活动中，你将了解如何使用 Bb 9.1 平台网络课程的工具来引导学生管理自己的学习。

首先，教师可以引导学生使用个人日程表来制订自己的学习计划。这是一种管理时间的有效方法。

> 💡 **特别提醒**
>
> Bb 9.1 平台课程中有两种日程表：个人日程表和课程日程表。个人日程表只能自己编辑。课程日程表由教师添加事项，将会自动出现在学生的个人日程表中。

在课程刚开始，教师可以帮助学生制定一个月的学习任务，然后要求学生填充自己的日程表，并将日程表调整在课程主页中，以此帮助学生逐渐学习时间管理。当学生逐渐熟悉利用日程表来管理自己时间后，可以要求学生制订自己的学习计划。

教师还可以使用课程日程表随时提醒学生重要的活动，添加在课程日程表中的活动将会自动显示在学生或教师的个人日程表中。比如，要准备开始一个新的讨论活动，就把该活动增加至日程表中，不仅可以起到提醒的作用，也会吸引学生来参加课内的活动。

第二，教师可以为学生提供关键的学习核查表，比如模块作业核查表，来帮助学生把握整体的信息。在每个模块学习开始之前，教师可以把这个模块作业核查表放在概述部分，供学生下载并随时核查自己的学习进度。

此外，教师可以为网络课程中的一些关键活动和学习内容设置"复查状态"，要求学生阅读完该材料或完成该活动后点击一下做一个"已复查"的标记，以此来区分完成的任务和没有完成的任务。这也是一种方便学生管理自己学习的方式，如图 7-3 所示。

教育行业的发展
◉ 标记为已复查

教育行业的发展
✅ 已复查

图 7-3　未标记和已标记的学习材料

第三，教师可以要求学生每周写日志进行学习反思，总结学习中的收获以及遇到的问题。这时，教师可以使用 Bb 9.1 平台网络课程中的日志工具来布置这项作业，学生和教师都可以看到阶段性的进步和成果。教师有时需要为学生提供反思日志的模板或详细要求，帮助学生学会如何在反思中学习。日志是一种学生自评的活动，也可以提供一个评价量规，帮助学生在反思的过程中提升自我反思和评价的能力。图 7-4 为反思日志页面。

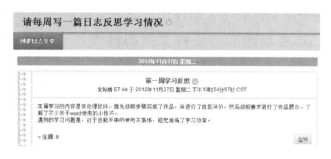

图 7-4　反思日志页面

关于布置日志的方法请参考专题 3 活动 2 的内容，评价量规的使用方法，请参考专题 3 活动 3 的内容。

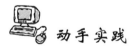

动手实践

操作 60　体验学生使用个人日程表的方法

下面，请跟随主讲教师一起操作，体验学生设置个人日程表的方法。在操作过程中，你可以随时将一些关键的操作要点记录在下面的方框中。

你也可以访问 Bb 9.1 速查手册＞11. 学生使用＞11.4 使用个人日程表，学习具体的操作方法。

操作 61　在课程主页中添加个人日程表模块

在专题 1 活动 6 中已经学习在课程主页中添加模块的方法，你可以采用相同的方法添加个人日程表模块。你也可以访问 Bb 9.1 速查手册＞1. 设置课程＞1.6 添加课程主页，学习具体的操作方法。

操作 62　使用课程日程表

下面，请跟随主讲教师一起操作，学习如何使用课程日程表。在操作过程中，你可以随时将一些关键的操作要点记录在下面的方框中。

你也可以访问 Bb 9.1 速查手册＞9. 其他课程工具＞9.5 使用课程日程表，学习具体的操作方法。

操作 63　设置学习材料或学习活动要求复查

下面，请跟随主讲教师一起操作，学习如何设置学习材料或学习活动要求复查。在操作过程中，你可以随时将一些关键的操作要点记录在下面的方框中。

你也可以访问 Bb 9.1 速查手册＞7. 监督教学进度＞7.4 设置复查状态，学习具体的操作方法。

 推荐阅读

对学生提出制订学习计划的要求

学习计划是在学习活动开始之前，学习者自身对某一段时间内学习活动的设计和安排，是学习者进行有效学习、评价和调节的基础。调查发现，很多学生缺乏对个人学习的自主安排和规划，他们的学习好像只是为了配合完成老师的教学任务。

在引导学生制订学习计划时，要对学生的学习计划提出一些要求，下面列出的制订学习计划的要求或许会对你有所帮助：

- 制定切实可行的目标。制定学习目标时，学习的难度、任务量、时间安排要从实际出发来制定，要适合自己的承受能力。
- 时间规划要科学。学习的时间顺序及最佳学习时间要有科学的安排，以保证学习按期、及时、有效地完成。如：学习内容要交叉安排，使大脑的不同部位交替兴奋，以防产生学习疲劳；在效率比较高的时间段里安排比较困难复杂的学习任务，在效率比较低的时间段里安排简单的学习任务等。

■ 要养成执行学习计划的习惯。计划制订出来后，要按计划执行，养成习惯，否则计划就失去了意义。当然，在执行计划时，学习者可根据执行情况对计划进行适当调整。

使用模块作业核查表，便于学生掌握学习进度

如果每周需要学生在网络课程中完成若干活动，为了防止学生有所遗漏，有些老师为每个模块设计了作业核查表，放在模块概述之中，学生可以打印出来，在学习的过程中使用。经验证明，这是一个非常有效的工具，为学生学习带来很大方便。表 7-2 是一个模块作业核查表样例。

表 7-2　模块作业核查表样例

第二周活动	作业类型	完成情况
课程论坛内容管理技巧	阅读	
建立课程讨论气氛	阅读和讨论	
编辑个人主页	主页活动	
张贴短文草稿，1 页	贴帖子	
与支持队伍配合	阅读	
建立带注释的参考文献索引，1 页	小组活动	
访问小组空间，给予反馈	小组空间贴帖子	

促进学生发展自我评价的能力

学生学习的自我评价是指学生依据一定的评价标准，对自己的学习做出分析和判断，并进行自我调节的活动。这里的评价标准主要指预先制定的学习目标和要求。自我评价具有自我诊断、自我反馈、自我激励的功能。自我评价的能力也是自主学习能力的重要部分。下列总结的一些措施可以对学生的自我评价能力有促进作用。

■ 让学习者每次学习前设置具体的行为目标，然后参照这些目标来检查自己的成就情况。

- 提供一些具体的标准，让学生对照这些标准来评判自己的学习表现。
- 在某些情况下，教师延迟给学生反馈，让学生首先有机会对自己的学习进行评价。

活动 4　监督学生的自主学习

自主学习是使学生在教学活动中由被动变为主动的一种尝试，要真正让这种学习方式落到实处，教师的有效监督至关重要。在本活动中，你将了解 Bb 9.1 平台网络课程中监督学生自主学习的方法。

之前我们已经学过可以通过批改学生作业、查看学生自测结果、统计论坛讨论情况来了解学生的学习进展。通过成绩指示板，你也可以了解学生最近访问课程的时间、复查状态等信息。此外，你还可以通过课程报告了解学生访问教学材料的时间和次数。

对于特别重要的教学材料，你还可以设定为对该材料进行跟踪统计，这样你就可以统计学生对这个材料的查看次数了。如果你对该材料设定了要求复查，那么你也可以统一查看学生对该材料的复查情况。

在 Bb 9.1 平台的网络课程中，你还可以使用预警系统来自动监督学生的学习情况。预警系统是一种用于向学生传达警告的工具，在预警系统中可以通过添加规则来预警学生的学习状况是否出现了问题，并将警告信息传达给学生。在预警系统中可以添加下列三类规则。

- 成绩规则：用于预警学生在作业、测验或手动评分项目方面的成绩等于或低于特定分数时。
- 截止日期规则：用于预警学生在截止日期前未完成课程作业。

"截止日期规则"只能跟踪设定截止时间的作业或测验。

- 上一访问规则：用于预警学生自上一次访问课程后在设定的时间段内没有访问课程。

需要注意的是，预警系统不会自动在后台运行规则以检查是否有需要预警的情况，也不会自动将预警信息通知学生，教师必须定期检查预警系统并"刷新"以发现触发警报的学生情况，发送预警信息给学生，如图 7-5 所示。

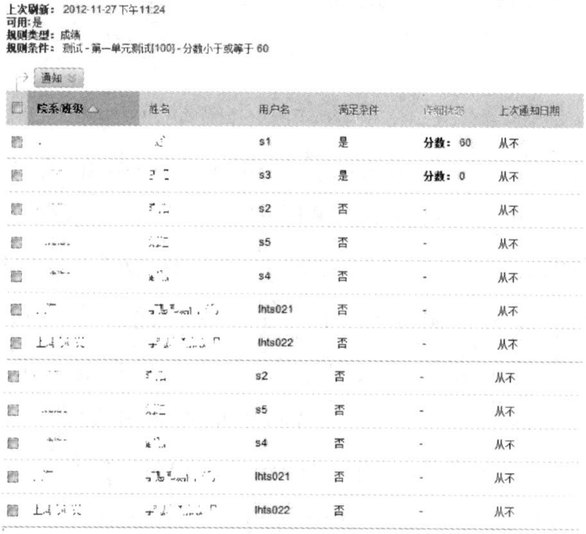

图 7-5　设定了成绩规则的预警状态页面

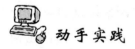动手实践

操作 64　使用课程报告了解学生整体情况

下面，请跟随主讲教师一起操作，学习如何生成课程报告。在操作过程中，你可以随时将一些关键的操作要点记录在下面的方框中。

你也可以访问 Bb 9.1 速查手册＞7. 监督教学进度＞7.3 生成课程

报告，学习具体的操作方法。

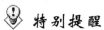

特别提醒

　课程报告能否使用需要联系系统管理员。

操作 65　设定教学材料可以跟踪统计学生访问情况

　　下面，请跟随主讲教师一起操作，学习如何设定教学材料可以跟踪统计学生访问情况以及查看学生访问情况。在操作过程中，你可以随时将一些关键的操作要点记录在下面的方框中。

　　你也可以访问 Bb 9.1 速查手册＞7. 监督教学进度＞7.6 设置跟踪统计；Bb 9.1 速查手册＞7. 监督教学进度＞7.7 查看跟踪统计报告，学习具体的操作方法。

特别提醒

　查看学生访问情况时，教师可以选择查看的时间段和具体的用户。

操作 66　　查看教学材料的复查状态

关于设置教学材料可复查的操作，请参考本专题活动 3 的内容。

下面，请跟随主讲教师一起操作，学习如何查看某教学材料的复查状态。在操作过程中，你可以随时将一些关键的操作要点记录在下面的方框中。

你也可以访问 Bb 9.1 速查手册＞7. 监督教学进度＞7.5 查看复查状态，学习具体的操作方法。

操作 67　　使用预警系统

下面，请跟随主讲教师一起操作，学习如何设置预警系统的规则，如何刷新预警系统的规则以及发送预警信息。在操作过程中，你可以随时将一些关键的操作要点记录在下面的方框中。

你也可以访问 Bb 9.1 速查手册＞7. 监督教学进度＞7.8 使用预警系统，学习具体的操作方法。

活动 5　总结与分享

1. 在本专题中，你了解了哪些重要的观点？请在下方横线上记录你的答案和其他人的总结。

_____

_____

_____

_____

2. 你学习了哪些关于建设网络课程的工具？你学会这些工具的使用方法了吗？

_____

_____

_____

_____

3. 你是否准备在今后的工作中使用这些工具？你计划如何使用呢？

_____

_____

_____

_____

专题 8　网上实时答疑方法

"师者，传道受业解惑也"，为学生答疑是教师的一项重要工作。在日常教学中，教师通常会安排一个固定的时间作为答疑时间来回答学生关于当前所学课程内容的提问。在开展混合式教学的过程中，教师也可以借助网络教学平台开展网上答疑活动。那么，在 Bb 9.1 平台中提供了哪些可以用来开展实时答疑活动的工具？如何使用这些工具来组织实时答疑活动？在本专题中，你将了解如何在 Bb 9.1 平台的网络课程中开展网上实时答疑活动。

活动 1　了解实时答疑的工具

在网络课程中可以采用多种方式进行答疑，这为教学答疑活动提供了方便性和灵活性。在 Bb 9.1 平台的网络课程中，用于答疑的工具有论坛、实时交流工具、聊天和虚拟课堂。在这个活动中，你将学习这些工具的使用。

在网络课程中，教师可以创建一个专门用于答疑的论坛，来汇总并回答学生的疑问。有时候，教师也可以借助论坛来创建自己课程的FAQ。但是，使用论坛进行答疑主要是一种异步交流的方式，不要求教师和学生同处一个空间，也不要求教师和学生同时登录到课程中。这确实带来了很大的便利性，但是也有其局限性，如：

- 学生在论坛上提出了问题后可能不能及时得到解答。

- 有时候文字的表达能力有局限，通过文字的解释不一定能让学生完全理解，特别是对于一些较复杂的问题。

- 答疑有时候是一个师生讨论的过程，学生可能会不断有新的问题或者就不明白的地方进行追问。

图 8-1 为用于答疑的论坛页面。

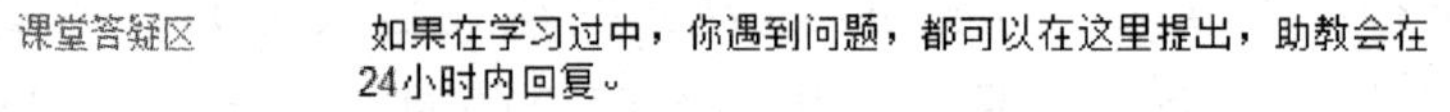

课堂答疑区　　　　　如果在学习过中，你遇到问题，都可以在这里提出，助教会在24小时内回复。

图 8-1　用于答疑的论坛页面

进行实时答疑活动可以使用聊天、虚拟课堂或者是即时聊天工具（Wimba）。聊天和虚拟课堂均属于 Bb 9.1 平台网络课程中的协作工具。聊天工具和普通的网络文字聊天室类似，主要是基于文字的集体讨论，和论坛相比，其汇集文字对话的形式更加适合于实时的文字交流讨论。图 8-2 为聊天的页面。

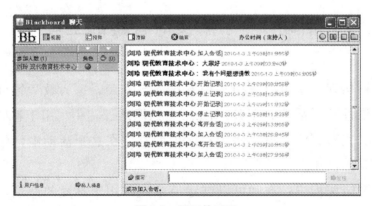

图 8-2　聊天的页面

虚拟课堂工具比聊天工具功能更加强大，除了支持文字聊天之外，可以进行分组文字聊天，还可以使用白板进行资源的共享和协作互动。图 8-3 为虚拟课堂的页面。

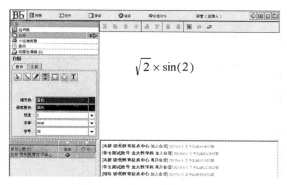

图 8-3 虚拟课堂的页面

即时聊天工具（Wimba Pronto）是一种和 QQ 类似的工具，其中可以建立讨论小组，并开启相关的讨论页面进行即时的讨论和协作，在本专题中将不会介绍该工具的使用，如需要学习这一工具的使用，可以访问以下网址：http://library. blackboard. com/ref/be431ef8-1a8e-41f9-9c40-225f de30cc2e/index. htm. 图 8-4 为 Wimba 工具中的协作工具。

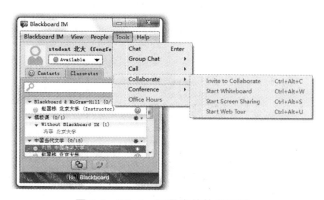

图 8-4 Wimba 工具中的协作工具

由于虚拟课堂中提供了一些有用的答疑工具，支持教师演示和进行文件共享，因此在本活动中，将重点介绍虚拟课堂工具的使用。虚拟课堂中最常用的答疑工具有：结构图、白板、小组浏览器和问题收集箱。图 8-5 为虚拟课堂中的常用工具。

图 8-5　虚拟课堂中的常用工具

　　鼠标单击相应的工具名，将会在工具列表下方的工具使用页面中显示具体的工具，比如，当单击结构图工具时，下方将会出现课程结构图以供选择。

　　表 8-1 中列出了虚拟课堂中常用的答疑工具，教师可以根据需要使用其中的一种工具或多种工具组合来完成答疑活动的目标。比如，如果在答疑时需要结合课程内容，可以使用结构图工具来展示课程中的内容；如果需要进行习题演算，可以使用白板来进行。

表 8-1　虚拟课堂中的答疑工具

工具	功能	工具使用页面	适用情况
结构图	展示网络课程中的内容		需要结合课程内容进行答疑，展示学习任务、学生在论坛中的帖子，解释布置的作业

续表

工具	功能	工具使用页面	适用情况
白板	写字 画图 呈现公式	 三角函数 $\sin 2 = ?$	习题演算， 讲解解题的思路， 绘制示意图
小组浏览器	展示外部网站		结合外部网页内容进行讲解， 示范作用
问题收集箱	和提问工具组合使用，用于汇总学生在线提出的问题，并回复学生的问题		学生通过提问工具在线提问， 教师在线回答

使用虚拟课堂进行答疑时，可以根据需要限制学生的权限（主动用户还是被动用户），还可以设置不同用户类型可以使用的工具。

⚠ 特别提醒

使用结构图工具时，添加在课程内容中的 Flash 课件、PDF 文档可以直接在展示窗口中播放。

此外，还可以将整个答疑过程录制下来，作为学生日后复习的参考资料。录制的记录是采用逐条记录的形式，主要录制的是信息窗口中的内容，如果想要录制白板上演示的内容，也可以随时使用白板中的快照工具将白板页面截取保存下来。录制虚拟课堂后，在虚拟课堂右侧将会出现按钮，单击该按钮即可查看相应的记录，如图 8-6 所示。

查看记录： 2009-12-10 上午11时54分28秒

冯菲 现代教育技术中心 显示以下内容：http://course.pku.edu.cn/webapps/blackboard/content/listContent.jsp?
mode=reset&course_id=_13580_1&content_id=_100331_1#_100333_1) Dec 10, 2009 11:53:56 AM CST
冯菲 现代教育技术中心 显示以下内容：http://course.pku.edu.cn/webapps/blackboard/content/listContent.jsp?
mode=reset&course_id=_13580_1&content_id=_100331_1#_100333_1) Dec 10, 2009 11:54:02 AM CST
冯菲 现代教育技术中心 显示以下内容：http://course.pku.edu.cn/webapps/blackboard/content/listContent.jsp?
mode=reset&course_id=_13580_1&content_id=_100331_1#_100333_1) Dec 10, 2009 11:54:09 AM CST
冯菲 现代教育技术中心，你屏幕上有显示么？ Dec 10, 2009 11:54:16 AM CST
提问来自 冯菲 现代教育技术中心：我来啦～～ Thu Dec 10 11:50:54 CST 2009
回应来自 冯菲 现代教育技术中心：我的白板工具 有不能用了 Thu Dec 10 11:54:50 CST 2009
[金轶男 现代教育技术中心 离开会话] Dec 10, 2009 11:55:46 AM CST
[金轶男 现代教育技术中心 加入会话] Dec 10, 2009 11:55:46 AM CST
[冯菲 现代教育技术中心 离开会话] Dec 10, 2009 11:57:05 AM CST
[学生测试账号 北大教学网 加入会话] Dec 10, 2009 11:57:25 AM CST

图 8-6　虚拟课堂录制后的记录

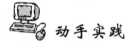

动手实践

操作 68　访问虚拟课堂

下面，请跟随主讲教师一起操作，学习如何访问虚拟课堂。

你也可以访问 Bb 9.1 速查手册＞6.在线讨论交流＞6.10 创建虚拟课堂＞6.10.1 访问虚拟课堂，学习具体的操作方法。

 特别提醒

使用虚拟课堂工具，需要事先安装好 Java 插件，该插件可以在访问虚拟课堂时出现的页面下载。

操作 69　使用虚拟课堂的工具

下面，请跟随主讲教师一起操作，学习如何使用虚拟课堂中的各种答疑工具。

你也可以访问 Bb 9.1 速查手册＞6. 在线讨论交流＞6.11 使用虚拟课堂的工具，学习具体的操作方法。

 特别提醒

使用白板工具时，若输入中文，需要提前选择字体为中文字体，否则输入的中文将无法正常显示。

操作 70　在虚拟课堂中限制学生的参与权限

下面，请跟随主讲教师一起操作，学习如何在虚拟课堂中限制学生的权限。在操作过程中，你可以随时将一些关键的操作要点记录在下面的方框中。

你也可以访问 Bb 9.1 速查手册＞6. 在线讨论交流＞6.12 限制学生的参与权限，学习具体的操作方法。

操作 71　录制虚拟课堂的过程

下面，请跟随主讲教师一起操作，学习如何录制虚拟课堂的过程。在操作过程中，你可以随时将一些关键的操作要点记录在下面的方框中。

你也可以访问 Bb 9.1 速查手册＞6. 在线讨论交流＞6.13 录制虚拟课堂的过程，学习具体的操作方法。

活动 2　设计网上实时答疑活动

网上实时答疑活动适用于集体答疑和一对一答疑。在开展网上集体答疑活动时，教师需要提前做好规划和设计，比如答疑的主题、时间安排、需要使用的工具、答疑过程的管理以及记录方式等。在本活动中，你将了解如何设计网上实时答疑活动的方法和技巧。

 课堂讨论

请思考下列问题，将答案写在横线上，然后按照要求，和全班分享你的答案，并记录你认为合理的其他人的观点。

1. 你尝试过在网上进行实时答疑吗？你是怎么做的？

_____

_____

_____

_____

2. 在组织网上实时答疑活动时，可能会出现哪些问题？

_____

_____

_____

_____

 推荐阅读

设计网上实时答疑活动时需要考虑的问题

在设计网上实时答疑活动时，教师需要考虑下列的问题：

- 本次答疑活动的目标是什么？是针对教学难点的继续讨论，还是针对作业中集中体现的一些问题？
- 这个答疑活动是要求所有学生都必须参加吗？
- 是否需要事先收集一些学生的学习问题？如果需要收集，如何收集？
- 答疑活动使用什么工具？你可以使用网络教学平台自带的一些实时交流工具，还可以借助一些其他的实时交流工具，比如 Elluminate、Wimba、Acrobat Connect 或 Skype 等。
- 参加这个答疑活动，学生需要事先做好哪些准备？
- 是否需要将整个答疑过程录制下来？或者说如何记录关键问题及其解答？如果保存了这些记录，你准备如何使用这些记录？

结合上述的问题，在设计一个实时答疑活动时，最好可以和其他的教学活动相结合，比如作业完成后进行的一次答疑活动，或者是一次自评与互评活动后进行的答疑活动。答疑活动结束后，还可以将答疑记录公布在论坛中，让学生继续进行深入讨论。

需要注意的是，设计好一个答疑活动，最好可以事先公布答疑交流活动的时间安排以及对学生的一些要求，这样既可以调查选择大多数人都合适的时间，也可以让大家都有所准备。

组织网上实时答疑活动的注意事项

在开展网上实时答疑活动时，不能指望用这个时间来做深入的讨论，深入的讨论还是在论坛中异步讨论更合适。最好能够将聊天时间和课程答疑时间分开，这样可以让更多的学生有机会参与到课程的实时活动中。

整个实时交流的过程要保持互相尊重的气氛，如果有同学初次使用系统，要耐心教他们。

有些实时系统，在参与人较多的时候，或者学生接入端带宽不够，都可能造成比较严重的声音延迟。

在进行网上答疑活动时，如果可以有过程记录，无论是录音还是文字记录，那是最理想的；如果没有，就需要安排专人记录聊天过程，提供给没能参加活动的学生，比如将聊天记录放到讨论区，让不能到场的学生继续学习和讨论。

正如前面所述，答疑也是教学活动的一部分，因此，可以在网络课程中提前安排好答疑活动，并设置好答疑活动的时间，并说明对学生的要求。这样，也可以让学生养成习惯，知道学习到什么程度时应该来参加答疑活动。

如果事先需要收集学生问题，你也可以让学生先在论坛中提出问题，之后再来按时参加答疑活动。答疑活动结束后，你还可以安排学生继续进行论坛讨论。

无论学生在参加答疑活动之前需要完成哪些活动，你只需要按序列在课程中安排好这些活动，然后再添加一个答疑活动的链接，以便学生可以定时访问这次答疑活动。

如果你计划采用的是虚拟课堂，那么你需要首先创建一个限定学生访问时间的虚拟课堂会话，然后再在课程内容中添加该链接。

如果你计划采用的是其他外部工具，那么你就需要在课程内容中用 Web 链接的形式添加其他工具的链接，如图 8-7 所示。

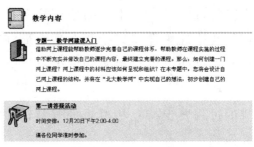

图 8-7 课程内容中添加虚拟课堂的链接

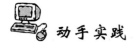 动手实践

操作 72 安排虚拟课堂的开放时间

下面，请跟随主讲教师一起操作，学习如何安排虚拟课堂的开放时间。

你也可以访问 Bb 9.1 速查手册＞6. 在线讨论交流＞6.10 创建虚拟课堂＞6.10.2 安排虚拟课堂的开放时间，学习具体的操作方法。

操作 73　在课程中添加虚拟课堂的链接

下面，请跟随主讲教师一起操作，学习如何在课程中添加虚拟课堂的链接。需要注意的是，学生也可以通过课程工具"协作"直接访问虚拟课堂。但如果要求学生在课程内容中按要求访问，这种方式更加有利于学生学习。

你也可以访问 Bb 9.1 速查手册＞2. 建设课程内容＞2.11 添加工具链接＞2.11.5 添加虚拟课堂的链接，学习具体的操作方法。

操作 74　在课程中添加外部工具的链接

下面，请跟随主讲教师一起操作，学习如何课程中添加外部工具的链接。

你也可以访问 Bb 9.1 速查手册＞2. 建设课程内容＞2.10 添加外部链接，学习具体的操作方法。

活动3 体验实时视频会议系统

在活动2中已经提到，教师在设计网上实时答疑活动时，需要考虑可以使用的工具。有些实时视频会议系统也可以用于答疑，常用的实时视频会议系统有 Elluminate、Wimba、Acrobat Connect 或 Skype 等。在本活动中，你将体验实时视频会议系统 Acrobat Connect 的使用，如图 8-8 所示。

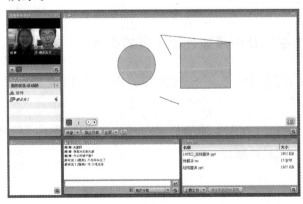

图 8-8 实时视频会议系统 Acrobat Connect 页面

Bb 9.1 平台中的虚拟课堂和 Acrobat Connect 有些功能很相似，比如都有白板，问题收集箱与"问题与答案"的功能相似，小组浏览器和网络链接共享的功能相似，但是又各具特色，在具体使用时教师可以根据需要灵活选择。表 8-2 简单对比了两者的区别。

表 8-2　Bb 9.1 虚拟课堂和 Acrobat Connect 的功能对比

	Bb 9.1 虚拟课堂	Acrobat Connect
使用条件	学校安装了 Bb 9.1 教学平台，并提供此项服务	学校安装了 Acrobat Connect 系统，并提供此项服务
可使用的工具	结构图、白板、小组浏览器、问题收集箱、分组讨论	实时音视频、白板、共享文档（桌面）、问题与答案、网络链接共享、备注、分组讨论、投票等
优势	跟网络课程的内容绑定，可以在答疑时使用结构图直接访问课程内容 白板有非常强大的公式编辑器	实时音视频交流是其最大的优势，在共享文档时可以使用白板工具在文档上进行标注， 白板可以使用外接手写板

在使用 Acrobat Connect 时，教师可以通过使用摄像头和耳机麦克与参与视频会议的学生或同行实现实时的声音和视频交流，这样足不出户就可以跨越物理空间，像面对面交谈一样，增加了网络虚拟环境下交流的真实感和亲切感，而且当你想停止音视频交流时可以随时停止。且通过更改学生的角色，学生也可以广播自己的音视频来让教师或别的学生收听或观看。一般，用户角色可分为主持人、发言人和参与者。主持人权限最高，可以修改用户权限并具备发言人和参会者的所有权限。发言者可以使用一些用于演示的工具，包括共享文档和发言等。参与者只能观看和提问，如有问题可以举手。如图 8-9 显示了 Acrobat Connect 中学生能设置的状态。

图 8-9　Acrobat Connect 中学生能设置的状态

具有相应权限的教师和学生还可以向参与者共享电子教学资料，可以通过共享计算机屏幕、共享文档和文件共享三种方式进行资料共享。一般来说，如果希望与会者能够下载共享的内容，可以使用文件共享；如果不希望与会者下载而只是希望他们观看，并且共享的文档类型是 PPT、SWF、FLV 或 JPEG 格式时，可以使用共享文档；如果不希望与会者下载而只是希望他们观看，并且共享的文档类型不是 PPT、SWF、FLV 或 JPEG 格式时，可以使用共享计算机屏幕。在共享文档和共享计算机屏幕时，与会者可以看到共享者的鼠标在"共享"窗格窗口中移动，可以看到共享者在共享的窗口、应用程序或文档中执行的所有活动。

有时候共享文档时，还可以使用白板工具在文档中添加批注，如图 8-10 所示。

图 8-10　在共享文档中使用白板工具添加批注

在使用"问题与答案"窗格时，可以将"问题与答案"窗格链接到"聊天"窗格，这样学生就可以在聊天中提问，教师可以在线回答，还可以使用过滤器选择显示所有问题、显示分配给教师的问题、显示未回答的问题或者显示已回答的问题，如图 8-11 所示。

图 8-11　使用过滤器对问题进行管理

在使用视频会议系统 Acrobat Connect 时，还可以将整个过程全程录制，录制的内容自动保存在系统服务器端。一般只有主持人才有权限进行录制，对于已经录制好的内容，你可以在服务器端进行简单的编辑，还可以将该录像共享给其他人观看。如果要将录像共享给其他人，需要将该录像设置为公开。图 8-12 为保存在服务器端的已经录制好的录像列表的截图。

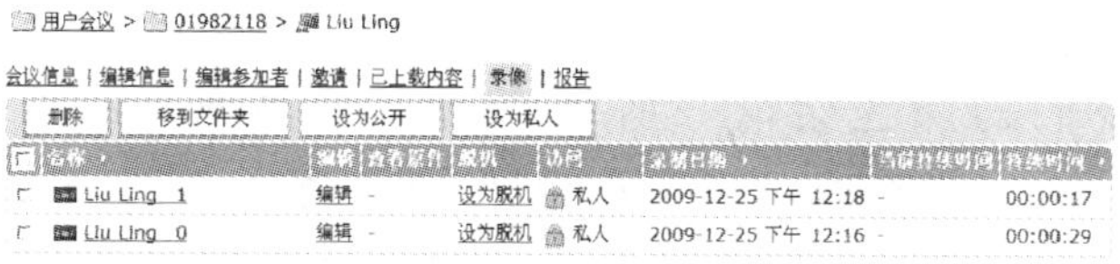

图 8-12　保存在服务器端的已经录制好的录像列表

活动 4　开展网上实时交流活动

借助实时视频会议系统，教师也可以开展一些网上实时交流活动，比如邀请其他学校的教师进行联合授课，或者邀请国外的嘉宾为学生提供一次讲座。在本活动中，你将了解开展实时交流活动的一些注意事项。

课堂讨论

请思考下列问题，将答案写在横线上，然后按照要求，和全班分享你的答案，并记录你认为合理的其他人的观点。

1. 在组织网上实时授课或讲座时，需要提前做好哪些准备工作？

_____

_____

_____

_____

_____

推荐阅读

网上实时交流活动也需要进行设计

有时候我们的课程会请一些嘉宾来进行讲座，特别是研究生课程，往往会邀请一些在课程话题领域有较深研究造诣的专家学者。对于这样的教学活动，教师可以进行如下的设计。

专家实时交流活动设计

大家好！

下周二晚上，我们会邀请美国哈佛大学教育学院的 Chris Dede 教授作为"专家论坛"的嘉宾，做"虚拟教学环境发展未来"的报告。请同学们：

---

1. 在学习小组内讨论，提出三个准备请教 Chris 的问题，由小组长在周五晚上八点前发到论坛中，助教会协调各组的问题。

2. 请在周二晚上上课前 15 分钟进入实时视频会议系统，测试你们的耳机和麦克是否正常工作。

3. Chris 很忙，他只能远程和我们聊一个小时，为了节省时间，各组按组号顺序提问。注意要认真听，因为也许你们要问的问题，他在回答前面问题时已经谈到了。

4. 一小时后，嘉宾退场。我们还将继续讨论专家发言对我们的启发，以及与课程已经完成的教学内容的关系。

请各位做好准备。

教员

从上面的例子中可以看出，这类活动在设计时需要确定的是一段时间内的工作流程，每一步要求都必须写得清清楚楚，一定要给每一步工作留出充足的完成时间，活动步骤不要太多，但是要尽量使其深入。

在开展网上实时交流活动的过程中，教师或助教也需要做好组织和协调的工作，需要安排专人来收集学生问题和关注学生的状态，有时候也需要请技术人员提供过程性的支持。

活动 5　总结与分享

1. 在本专题中，你了解了哪些重要的观点？请在下方横线上记录你的答案和其他人的总结。

_____

_____

_____

_____

2. 你学习了哪些关于建设网络课程的工具？你学会这些工具的使用方法了吗？

_____

_____

_____

_____

3. 你是否准备在今后的工作中使用这些工具？你计划如何使用呢？

_____

_____

_____

_____

专题 9 教学档案袋使用技巧

　　档案袋（Portfolio）可以理解为"代表作选辑"。教师可以创建教学档案袋来收集并展示自己的教学理念和教学成果，也可以采用档案袋评价的方法来对学生的学习过程和成果进行客观评价。Bb 9.1 平台中提供了制作及展示教学档案袋的工具。那么，如何使用这些工具来制作个性化的教学档案袋？如何共享并展示自己的教学档案袋？是否可以使用这些工具开展学生作品展示活动？在本专题中，你将会学习教学档案袋的制作方法和使用技巧。

活动 1　认识教学档案袋

　　教学档案袋（Teaching Portfolio）是电子档案袋的一种，可以理解为"用于教学的电子档案袋"。教学档案袋是一种收集、整理并呈现教学资料以及教学成果的方法，多用于记录并展示教师或学生个人的成长进程或发展经历。在本活动中，你将了解教学档案袋中需要包含的内容以及一般可以用于制作教学档案袋的工具。

 课堂讨论

　　请思考下列问题，将答案写在横线上，然后按照要求，和全班分享你的答案，并记录你认为合理的其他人的观点。

1. 你在教学中是否使用过教学档案袋？你认为教学档案袋有哪些作用？

_____

_____

_____

2. 你认为教学档案袋中可以包含有哪些内容？

_____

_____

_____

 推荐阅读

关于教学档案袋的几点认识误区

■ 教学档案袋等于教案和教学大纲吗？

教学大纲和教案可以作为教学档案袋的有机组成，但是，在教学档案袋中，不仅要说明教的是什么（What），更要解释为什么要这么教（Why）。

■ 教学档案袋等于教学材料的堆积吗？

教学档案袋是有主题、有目的的，其中的内容是有组织有关联的。使用分类导航，可以清晰地展示内容的组织关系；有时也需要有相应的陈述性文字，来指出所有内容之间的关系。

■ 教学档案袋等于教学或学习大事记吗？

教学档案袋是过去、现在和未来的总汇，而不只是过去，也不仅是现在。这就要求：教学档案袋既要保持历史发展变化的轨迹（如纪录每次课程修改的地方，说明为什么要做这种修改，修改的效果怎样），也要给出未来的打算和目标。

教学档案袋可以包含的内容

教师可以使用教学档案袋来收集一门课程从创建之初到发展成熟的所有课件、教案、教学反思、教学改进等教学材料；学生也可以使用教学档案袋来收集自己在一门课程中的所有作业、试卷、论文等学习成果。

教学档案袋主要是用于自我评定、记录专业发展过程，以及展示自己的教学理念和成果。

一般来说，教学档案袋中的内容可能包括：仔细挑选的有关被评价者某阶段内的教学成果；被评价者最好的工作事例；一些学生作业的实例；被评价者的反思性评论；等等。

需要注意的是，教学档案袋是有主题、有结构的，并不是教学信息的杂乱收集。

三种不同类型的教学档案袋

一般可以使用多种工具来制作教学档案袋。下面介绍三种不同类型的教学档案袋。

纸质的教学档案袋：纸质的教学文档结合教学反思，放入档案袋中存档。观看者添加评语的话也需要采用纸质的形式，然后再放入档案袋，如图 9-1 所示。

图 9-1 纸质的教学档案袋

文件包式的教学档案袋：将所有的教学材料整合在一个电子文件包中，和其他人共享，观看者也可以通过添加批注的方式添加评语。图 9-2 为使用 Adobe Acrobat 9.0 创建的教学档案袋。

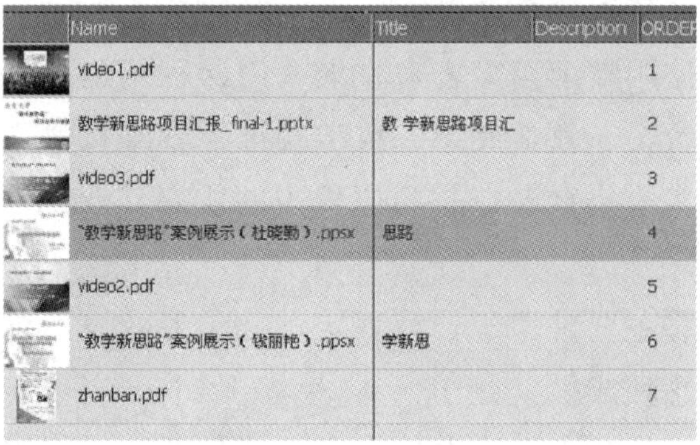

图 9-2　使用 Adobe Acrobat 9.0 创建的教学档案袋

网站式的教学档案袋：网站式的教学档案袋可以随时随地进行展示和分享，放在网络上，可以让更多人同时观看，并发表评论。创建网站式的教学档案袋时，可以借助已有的网站平台，比如教学网平台、博客平台等；还可以自己开发个性化的网站，来创建教学档案袋。

⚠ **特别提醒**

下面的网址是美国高教协会的教学档案袋范例：http://www.historians.org/teaching/aahe/aahecover.html.

在 Bb 9.1 平台中创建教学档案袋时，能够很便捷地整合课程中的内容，比如可以在教学档案袋中添加所有的课件、所有的优秀学生作品。结合资源管理系统（Content Collection），还可以非常方便地实现课程内的材料与教学档案袋的材料同步更新。图 9-3 和 9-4 分别为使用博客以及 Bb 9.1 平台的工具创建的教学档案袋。

图 9-3 使用博客创建的教学档案袋

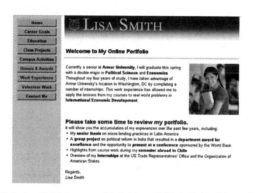

图 9-4 使用 Bb 9.1 平台的工具创建的教学档案袋

活动 2 制作教学档案袋

在本活动中，你将学习如何使用 Bb 9.1 平台提供的教学档案袋工具，并将规划设计自己的教学档案袋，并借助这些工具实现。

在 Bb 9.1 平台中，教学档案袋的制作工具叫做"电子档案夹"，因此，可以通过资源管理系统（Content Collection）来访问该工具。图 9-5 为 Bb 9.1 平台的电子档案袋初始页面。

图 9-5　Bb 9.1 平台的电子档案袋初始页面

在利用"电子档案夹"工具创建教学档案袋时，你可以选择两种方式：基本档案夹和个人档案夹。

"基本档案夹"采用模板化的形式进行创建，创建过程比较简单，但不能对页面布局进行调整，默认的导航位于页面左侧。

"个人档案夹"适合创建更为个性化的页面，允许作者对页面布局、背景等元素进行修改和设定。图 9-6 和 9-7 分别为导航在左侧和导航在上方的档案袋。

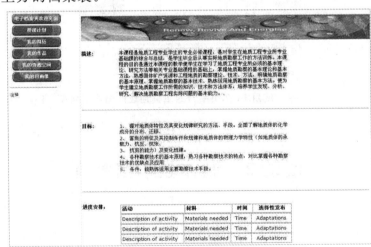

图 9-6　导航在左侧的档案袋

图 9-7　导航在上方的档案袋

表 9-1 从操作复杂度、页面布局可否调整、标题图能够设置、添加页面的方式四个角度对"基本档案夹"和"个人档案夹"这两种创建方式进行了对比。可以看出：如果想要快速创建一个教学档案袋，并且对页面呈现的要求不是很高，可以使用基本档案夹的方式；如果想要创建一个更为个性化的教学档案袋，可以使用个人档案夹的方式，这同时也要求创建者需要掌握一些网页制作的基本知识。

表 9-1　基本档案夹和个人档案夹对比

创建方式	操作复杂度	页面布局	设置标题图	添加页面的方式
基本档案夹	★★	不可调整	不可统一设置	添加链接， 添加资源管理平台中的内容及列表， 使用模板添加个性化页面
个人档案夹	★★★★	可调整	叮统一设置	添加个人辅件

在创建基本档案夹时，可以使用三种工具来添加页面，即：内容、链接和条目。

内容：可以通过添加"内容"将存储在资源管理系统中的内容链

接至电子档案袋。这样更容易将一些和教学设计相关的内容链接过来。如果链接的内容在资源管理系统中更新，在电子档案夹中的内容也会随之更新。添加内容时，既可以选择添加某个文件，也可以选择添加某个文件夹。添加文件夹时，就可以把文件夹内部的所有文档都链接至这里。

链接：可以通过添加"链接"将其他网站中的有用资源链接至档案袋中，比如个人的博客网站、个人的课程页面。

条目：使用条目可以创建一个空白页面，然后自己编辑其中内容，还可以选择模板创建页面。一般 Bb 9.1 平台中可以提供多种模板，如"简历"、"参考"、"证书"、"授课计划"等。将模板添加到基本电子档案夹后，便可以对模板进行修改，还可以链接资源管理平台中的内容。

在创建个人档案夹时，需要使用个人辅件来创建其中的页面。个人辅件就是一个图文并茂的可以重复使用的页面，其中可以展示个人成果、个人简介等信息，也可以引用资源管理平台中的文件。图 9-8 为个人辅件的样例。

图 9-8　个人辅件的样例

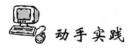 **动手实践**

操作 75　设计自己的教学档案袋

在创设教学档案袋之前，首先要设计自己的教学档案袋，要计划准备在教学档案袋中呈现的内容，并规划这些内容的组织呈现形式，然后再考虑可以使用什么工具来制作它。在设计之前，请思考如下问题：

- 你计划使用教学档案袋来做什么？为了达成什么样的目标？
- 为了达成以上的使用目标，你计划从哪些方面来收集信息？
- 你准备用什么样的方式来组织及呈现这些信息？

思考完问题后，请在下方画出教学档案袋的页面示意图，比如导航的位置、导航的内容等。

操作 76 创建自己的教学档案袋

下面，请跟随主讲教师一起操作，学习如何通过基本档案夹的方式创建教学档案袋。在操作过程中，你可以随时将一些关键的操作要点记录在下面的方框中。

你也可以访问 Bb 9.1 速查手册＞9. 其他课程工具＞9.6 创建基本档案夹；Bb 9.1 速查手册＞9. 其他课程工具＞9.6 创建基本档案夹＞9.6.2 构建基本档案夹中的页面，学习具体的操作方法。

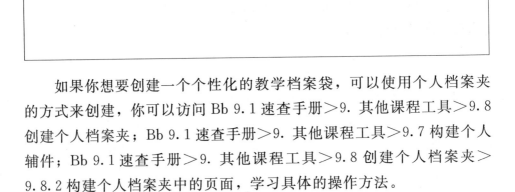

如果你想要创建一个个性化的教学档案袋，可以使用个人档案夹的方式来创建，你可以访问 Bb 9.1 速查手册＞9. 其他课程工具＞9.8 创建个人档案夹；Bb 9.1 速查手册＞9. 其他课程工具＞9.7 构建个人辅件；Bb 9.1 速查手册＞9. 其他课程工具＞9.8 创建个人档案夹＞9.8.2 构建个人档案夹中的页面，学习具体的操作方法。

活动 3 展示教学档案袋

在 Bb 9.1 平台中，可以将教学档案袋和指定的人员进行共享。既可以设定与教学网中的指定用户共享（需知道对方的用户名），也可以设定与教学网以外的人员共享（需知道对方的电子邮件）。在本活动中，你将学习如何和其他人共享自己的教学档案袋。

在向其他人共享教学档案袋时，对方将会收到由系统发出的电子邮件，电子邮件的正文将自动告知访问方式，通过电子邮件中的提示就可以访问你的教学档案袋，如图 9-9 所示。向平台外的用户共享教学档案袋时，还可以设定密码，这样只有知道密码的人才能访问你的教学档案袋，如图 9-10 所示。

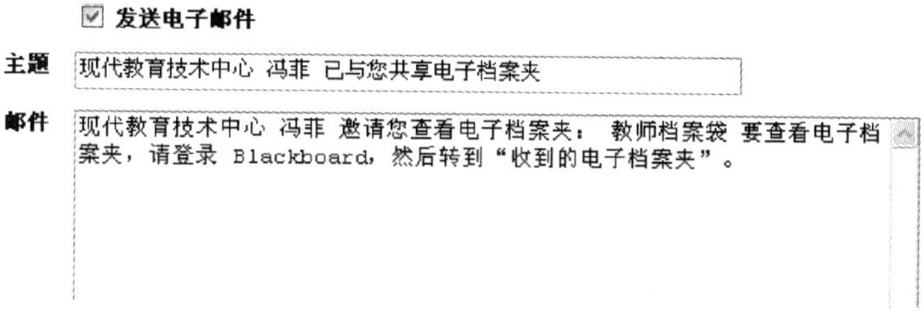

☑ **发送电子邮件**

主题　现代教育技术中心 冯菲 已与您共享电子档案夹

邮件　现代教育技术中心 冯菲 邀请您查看电子档案夹：教师档案袋 要查看电子档案夹，请登录 Blackboard，然后转到"收到的电子档案夹"。

图 9-9　向平台内用户共享教学档案袋的电子邮件样例

现代教育技术中心 冯菲 已与您共享电子档案夹 附件箱 X

fengfei@pku.edu.cn 发送至 sunyecheng

现代教育技术中心 冯菲 邀请您查看电子档案夹；个人简介 单击下面的链接，查看电子档案夹：个人简介
http://course.pku.edu.cn/webapps/bbcms/portfolio/launch?pid=_334_1&tid=_201_1

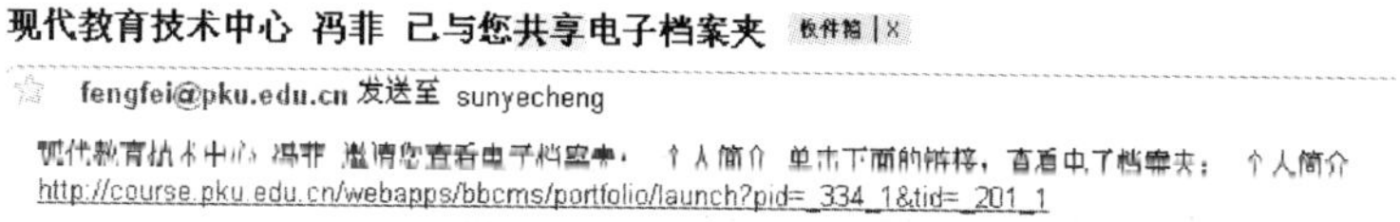

图 9-10　向平台外用户共享教学档案袋的电子邮件样例

当 Bb 9.1 平台的其他用户向我们共享教学档案袋后，所有共享的档案袋都将自动汇集在"收到的电子档案夹"中。

当浏览其他人的教学档案袋时，可以使用注释的方式添加评语，或分享自己的感受。此外，也可以使用注释的方式来为自己的教学档案袋添加一些补充说明。

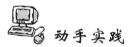

动手实践

操作 77　向某个人共享教学档案袋

下面，请跟随主讲教师一起操作，学习如何设定向某个人共享教学档案袋。在操作过程中，你可以随时将一些关键的操作要点记录在下面的方框中。

你也可以访问 Bb 9.1 速查手册＞9. 其他课程工具＞9.9 分享教学档案夹＞9.9.1 向某人共享教学档案夹，学习具体的操作方法。

（此处为空白方框）

操作 78　向群体或课程共享教学档案袋

你还可以将该教学档案袋共享给某一类群体，比如一门课程中的所有用户，某个部门中的所有成员，甚至是教学网中的所有用户。

下面，请跟随主讲教师一起操作，学习如何设定向 Bb 9.1 平台的用户群体共享教学档案袋。在操作过程中，你可以随时将一些关键的操作要点记录在下面的方框中。

你也可以访问 Bb 9.1 速查手册＞9. 其他课程工具＞9.9 分享教学档案夹＞9.9.2 将教学档案袋共享给某一群体，学习具体的操作方法。

（此处为空白方框）

操作 79 为教学档案袋添加注释

下面，请跟随主讲教师一起操作，学习如何为他人的教学档案袋添加注释。在操作过程中，你可以随时将一些关键的操作要点记录在下面的方框中。

你也可以访问 Bb 9.1 速查手册＞9. 其他课程工具＞9.10 为教学档案袋添加注释，学习具体的操作方法。

操作 80 管理自己教学档案袋的注释

下面，请跟随主讲教师一起操作，学习如何管理自己教学档案袋的注释。在操作过程中，你可以随时将一些关键的操作要点记录在下面的方框中。

你也可以访问 Bb 9.1 速查手册＞9. 其他课程工具＞9.11 管理教学档案袋的注释，学习具体的操作方法。

活动 4　开展学生作品展示活动

教学档案袋，不仅可以用作教师个人的成果展示，也可以用于课程内学生的作品展示。在本活动中，你将学习如何利用 Bb 9.1 的电子档案夹工具开展学生作品展示活动。图 9-11 为展示学生作品的页面。

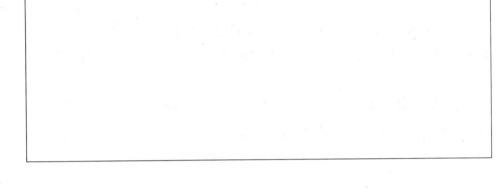

图 9-11　展示学生作品的页面

在开展学生作品展示活动时，可以按照下列步骤进行：

- 首先引导学生创建自己的作品档案夹，用于保存和展示学生自己的作品。学生可以通过个人工具中的"电子档案夹主页"来创建自己的作品档案袋。

- 要求学生将自己的作品档案夹共享至课程。学生共享至课程的档案夹将自动汇集至课程档案袋中。
- 告知学生通过工具中的"课程电子档案夹"来访问所有的学生档案袋。你也可以在课程左侧导航中或者课程内容中专门创建一个课程电子档案夹的链接，以便学生能快速访问。

活动 5　使用其他工具创建教学档案袋

除了在 Bb 9.1 平台中创建教学档案袋之外，你还可以使用其他工具来创建一个文件包展示自己的教学档案。在本活动中，你将学习使用 Acrobat 9.0 来创建一个教学档案袋。

软件 Acrobat 9.0 可以将各种类型的教学文档整合在一个 PDF 文件包中，这个 PDF 文件包就可以作为教学档案袋。这样就可以方便地共享教学资源。在 PDF 文件包中，可以整合的文件类型有：文档、电子表格、演示文稿、视频、音频，甚至是 3D 模型。

此外，在制作 PDF 包时，还可以选择布局模板来设定文件包最终的呈现形式，如图 9-12 所示。

 特别提醒

可通过如下链接获取 Acrobat 9.0 的免费试用版：
http://www.adobe.com/cn/products/acrobatpro/tryout.html.

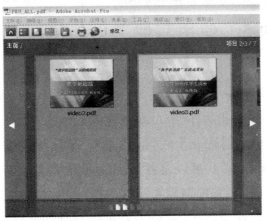

图 9-12 不同呈现形式的 PDF 文件包

使用 Adobe Acrobat 9.0 还可以在教学文档中便捷地集成各种视音频文件，从而创建丰富多彩的教学课件。可集成的视频文件格式有：动画文件（＊.swf、＊.flv）、音视频文件（＊.asf、＊.avi 等）、3D 模型（＊.u3d）。

可以直接将一个文件夹拖拽至 PDF 文件包中，这样将会根据文件夹内的内容自动创建一个 PDF 包。

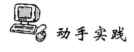

动手实践

操作 81　使用 Acrobat 9.0 创建教学档案袋

下面，请跟随主讲教师一起操作，学习如何使用 Acrobat 9.0 创建教学档案袋。在操作过程中，你可以随时将一些关键的操作要点记录在下面的方框中。

你也可以访问 Bb 9.1 速查手册＞10. 其他小工具使用＞10.6 使用 Acrobat 9.0 创建文件包，学习具体的操作方法。

活动 6　总结与分享

1. 在本专题中，你了解了哪些重要的观点？请在下方横线上记录你的答案和其他人的总结。

_____

_____

_____

2. 你学习了哪些关于建设网络课程的工具？你学会这些工具的使用方法了吗？

_____

_____

_____

3. 你是否准备在今后的工作中使用这些工具？你计划如何使用呢？

_____

_____

_____

专题 10　课程整理和改进策略

课程即将结束时，教师需要对课程内容进行整理，存档相关的资料，也需要对整个学期的教学进行反思，以便改进自己的教学。在开展混合式教学的过程中，教师也需要整理保存在网络课程中的一些教学材料，以便在下次课程中重复使用这些内容。那么，你需要整理哪些教学内容？网络课程是否可以重复使用？如何改进自己的教学？如何收集一些学生的反馈？在本专题中，你将学习一些课程整理的方法以及通过反思改进自己教学的策略。

活动 1　整理课程中的内容

经过一个学期的建设和使用，自己的网络课程中已经汇集了很多资源和内容，比如教学课件、学生的各种作业、对学生的各种评价数据、学生在论坛中讨论的记录、一些实时交流活动的记录或录像等。在本活动中，你将学习如何在 Bb 9.1 平台的网络课程中整理并重复利用这些课程内容。

 课堂讨论

请思考下列问题，将答案写在横线上，然后按照要求，和全班分享你的答案，并记录你认为合理的其他人的观点。

1. 你认为有哪些课程内容需要保存下来，并作为以后教学的有用资源？

_____

_____

_____

2. 对于保存下来的课程资源或内容，你计划如何用于以后的教学中？

_____

_____

_____

 推荐阅读

课程整理时可以保存下来的资源或内容

学生的作业是教学中非常重要的一种资源，有些教师会使用以前学生的优秀作业作为样例，放在论坛中供学生参考。

课程论坛中总是有很多体现学生思想火花的好帖子，有些教师会将这些讨论记录保留下来，作为自己的教学资源。不过教师并不希望学生一开始就看到之前学生的讨论。

学生的成绩单也非常重要，从成绩中心可以非常方便地把学生成绩单导出成 Excel 格式，交给教务或者教师自己留存。

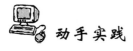
动手实践

操作 82 批量下载学生的作业

在成绩中心，可以直接批量下载学生作业。

下面，请跟随主讲教师一起操作，学习如何批量下载学生作业。在操作过程中，你可以随时将一些关键的操作要点记录在下面的方框中。

你也可以访问 Bb 9.1 速查手册＞8. 使用成绩中心＞8.6 批量下载作业，学习具体的操作方法。

操作 83 保存论坛中的帖子

在 Bb 9.1 平台的网络课程中，每学期学生数据将不同，当上一届学生数据被替换之后，这些学生在论坛中发布的帖子都将变成匿名帖子。在整理论坛中的帖子时，最简单的方法就是修改该论坛的属性，使其对新学生不可见。这样可以轻松保存之前学生的讨论记录。

下面，请跟随主讲教师一起操作，学习如何将论坛设置为对学生不可见。在操作过程中，你可以随时将一些关键的操作要点记录在下面的方框中。

你也可以访问 Bb 9.1 速查手册＞6. 在线讨论交流＞6.2 设置论坛属性，学习具体的操作方法。

操作 84　下载学生成绩单

在成绩中心，你可以很方便地导出学生成绩单。

下面，请跟随主讲教师一起操作，学习如何导出学生成绩单。在操作过程中，你可以随时将一些关键的操作要点记录在下面的方框中。

你也可以访问 Bb 9.1 速查手册＞8. 使用成绩中心＞8.4 下载成绩单，学习具体的操作方法。

活动 2 重复使用课程

开展混合式教学，使用网络课程的好处就是不需要重复建设，而且可以每学期重复使用这些课程，但是每当新开这门课程时，需要删除一些之前的内容，也需要对一些内容进行重新的设置。在本活动中，你将学习重复使用 Bb 9.1 平台网络课程的方法。

如果想要重复使用这门课程，面对新的学生，教师需要提前删除之前的通知、课程注册的学生及其作业，并且修改一些教学内容的显示设置，比如隐藏一些教学课件、教学活动等，使其在新的时间节点再出现，这样可以让学生感觉到课程的不断更新。教师还需要修改一些教学活动的截止时间节点，比如作业的提交时间、自评和互评活动的截止时间等。

在 Bb 9.1 平台的网络课程中，教师可以利用"清空"工具来进行数据的删除，以便重复使用该课程，如图 10-1 所示。在选择"清空"

图 10-1 "清空"工具的页面

时，可以选择删除一些内容资料，也可以选择删除如通知、用户、小组等信息。使用"清空"工具时需要注意，在这个过程中删除的信息将不能恢复，所以一定要慎重！

有时候，教师可能同时开设几门相关的网络课程，这时也可以在这些课程之间进行部分内容的复制。一般可以复制下列内容。

内容区菜单项：如果目标课程中已经有同名菜单项，则不复制源课程中菜单项，菜单项下的具体内容会复制到目标课程的同名菜单项下。

讨论区的论坛：复制后的论坛中只有原来的主帖，并且帖子全部变成了匿名。

作业/博客/日志：作业、博客、日志都可以复制过去，但是学生提交的作业、博客文章和日志文章不能复制过去。

评价量规：添加在课程中的评价量规可以复制过去。

在复制课程的过程中，需要注意，如果课程内容中链接的是资源管理系统（Content Collection）中的资源，复制之后链接依然可以访问。

有时候经过复制操作后，为了保证课程中链接的资源管理系统中的文件能够正常使用，可以使用工具"检查课程链接"来测验一些课程中是否有死链接或者错误链接。

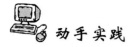动手实践

操作 85　利用"清空"工具删除课程资料

下面，请跟随主讲教师一起操作，学习如何使用清空工具。在操作过程中，你可以随时将一些关键的操作要点记录在下面的方框中。

你也可以访问 Bb 9.1 速查手册＞3. 管理课程内容＞3.10 循环使

用课程，学习具体的操作方法。

操作 86　在自己的课程之间复制课程资料

下面，请跟随主讲教师一起操作，学习如何在自己的课程之间复制课程资料。在操作过程中，你可以随时将一些关键的操作要点记录在下面的方框中。

你也可以访问 Bb 9.1 速查手册＞3. 管理课程内容＞3.11 复制课程，学习具体的操作方法。

操作 87   将课程内容保存到资源管理系统

在整理课程的过程中，教师还可以利用工具"将文件移动到课程文件"来将整个课程的内容保存到资源管理系统中，这些内容以后就可以重复使用了。

下面，请跟随主讲教师一起操作，学习如何将课程内容保存到资源管理系统中。在操作过程中，你可以随时将一些关键的操作要点记录在下面的方框中。

你也可以访问 Bb 9.1 速查手册＞3. 管理课程内容＞3.8 将课程文件移动到资源管理系统，学习具体的操作方法。

操作 88   检查课程链接

下面，请跟随主讲教师一起操作，学习如何检查课程中是否有死链接或错误链接。在操作过程中，你可以随时将一些关键的操作要点记录在下面的方框中。

你也可以访问 Bb 9.1 速查手册＞3. 管理课程内容＞3.12 检查课程链接，学习具体的操作方法。

活动 3　导出和存档课程内容

在 Bb 9.1 平台的网络课程中，你还可以使用"导出"或"存档"来保存课程的内容包，这样做的好处是防止教学平台出现故障而导致课程内容丢失。在本活动中，你将学习如何导出或存档课程内容包，以及如何导入课程内容包。

导出课程将创建可重复使用的课程内容包。导出课程包括内容、设置和工具，但不包括用户记录。使用课程的存档可以完全恢复一门课程，包括所有课程内容和交互记录。一般导出时可以选择想要导出的内容，而存档则自动包含了所有的课程内容。

> **特别提醒**
>
> 切勿解压缩内容包或从该内容包删除文件，否则以后将无法正确导入该内容包。

不论是导出，还是存档，内容包都被保存为".zip"的压缩包文件。导出的文件名为"ExportFile _ ID _ yyyymmddhhmmss.zip"，其中yyyy为年，mm为月，dd为日期，hh为小时，mm为分钟，ss为秒。将课程导出并不会将该课程从系统中删除。

在导出或存档课程时，提交命令后，系统会创建内容包。内容包创建完成后，将向教师发送电子邮件。然后通过课程的工具"导出/存档课程"找到内容包，并将其下载到本地计算机。

想要导入该课程内容包时，教师可以使用工具"导入数据包"来进行，导入数据包后并不会覆盖原有的课程内容，只是在原有内容上增加了左侧的导航及其相关信息。

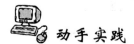 动手实践

操作89　导出或存档课程内容包

下面，请跟随主讲教师一起操作，学习如何导出或存档课程内容包。在操作过程中，你可以随时将一些关键的操作要点记录在下面的方框中。

你也可以访问Bb 9.1速查手册＞3.管理课程内容＞3.14导出课程材料；Bb 9.1速查手册＞3.管理课程内容＞3.13将课程存档，学习具体的操作方法。

操作 90　导入课程内容包

下面，请跟随主讲教师一起操作，学习如何导入一个课程内容包。在操作过程中，你可以随时将一些关键的操作要点记录在下面的方框中。

你也可以访问 Bb 9.1 速查手册＞3. 管理课程内容＞3.15 导入课程内容包，学习具体的操作方法。

活动 4　改进自己的教学

有时候，教师需要通过获取一些学生的反馈信息来进行教学反思，进而改进自己的教学。在本活动中，你将了解一些借助 Bb 9.1 平台收集学生反馈数据的方法，为教学反思做好准备。

 课堂讨论

请思考下列问题，将答案写在横线上，然后按照要求，和全班分

享你的答案，并记录你认为合理的其他人的观点。

1. 你认为学生的哪些反馈信息可以帮助你进行教学反思？

_____

_____

2. 在教学过程中，你是否会收集学生的教学反馈数据？如果会，你是如何收集的？

_____

_____

_____

 推荐阅读

收集学生反馈数据的方法

在课程论坛区开设一个教学建议改进区，让学生谈谈对教材和作业的看法，课程进度的建议，以及他们在学习过程中碰到的困难和挫折。其目的是让学生互相帮助，或者让学生感到并不是只有他才遇到了这个问题。教师也可以从中了解学生的想法，用于改进教学。最好能够通过技术手段，让学生匿名提建议。

 特别提醒

在 Bb 9.1 平台的论坛中可以设置学生匿名发帖，详细请参考专题 4 的内容。

还可以在课程中间和课程结束的时候各做一次调查评价。在课程的学期评估中，除了对教师所关心的问题进行调查之外，要调查的问题还应该包括：

- 学生认为他们达到了课程要求的学习目标吗？
- 学生认为这门课程最大的收获是什么，最不好的体验是什么？
- 对课程资料的评价？
- 对教师教学工作的反馈和评价？
- 学生是否会主动向别人介绍这门课程？他们在向别人介绍这门课程前应该做什么准备？
- 学生还想在这门课程读到什么，不想读什么？还需要哪些资源或活动？

如果时间允许，每周都可以做一次 1 分钟的教学调查，问问学生：对于这周的学习，学到什么，还有哪些不明白的，希望澄清哪些问题。

其他收集教学反思数据的方法

- 根据学生在每个知识单元的前测后测对比，也可以了解每个知识单元的教学效果。
- 从学生的讨论中、反思论文中能够看出教学中需要加强的地方。
- 通过同行评议或者试讲的方式也可以了解教学中需要改进的地方，尤其是一些开设过网上课程的教师的意见最为重要，他们可以分享一些网上教学的经验、网上教学所使用的软件以及一些使用技巧。
- 如果可能，教师最好写教学笔记记录教学过程，记录在教学进行过程中认为课程需要修改的地方、需要注意的地方，以及开展混合式教学的感受。

两个课程调查问卷的样例

- 对网络课程的调查问卷样例。

亲爱的同学：

临近期末，每学期的课程评估又开始了。你的参与对于学院提供高质量的网络课程非常重要。所有评估是匿名的，评估结果会在老师给出课程成绩后反馈给老师，并提供给课程开发人员以便完善课程设计。

下面每一题之后是 6 个程度选项，其中 0 表示不同意前面的陈述，5 表示非常赞同前面的陈述，请选择最适合你的观点的数字。你的意见可以写在表格之后。

1. 浏览课程网页很容易。	0 1 2 3 4 5
2. 我对课程的第一印象很好。	0 1 2 3 4 5
3. 学院和教员都不错。	0 1 2 3 4 5
4. 网页链接与课程内容相关，有意思。	0 1 2 3 4 5
5. 我可以按照任意顺序浏览课程内容。	0 1 2 3 4 5
6. 老师要求我们用多种资源（如超链的网页、课本、论坛）建构知识。	0 1 2 3 4 5
7. 我能够经常和教师有效沟通。	0 1 2 3 4 5
8. 我能够经常和同学有效交流。	0 1 2 3 4 5
9. 我可以把作业、作品等放在共享空间（如论坛、网页）。	0 1 2 3 4 5
10. 老师鼓励我们自己去找对学习有用的相关信息。	0 1 2 3 4 5
11. 作业很有意思，与课程内容和现实紧密关联。	0 1 2 3 4 5
12. 课程恰当地综合了文字、图形、交互，对于学习有促进作用。	0 1 2 3 4 5
13. 课程有教育效果。	0 1 2 3 4 5
14. 课程内容具有一定的智力挑战性。	0 1 2 3 4 5

请在下面写出你对课程的其他看法和建议：

■ 对教师的评估问卷。

亲爱的同学：

　　临近期末，每学期的课程评估又开始了。你的参与对于学院提供高质量的网络课程非常重要。所有评估是匿名的，评估结果会在老师给出课程成绩后反馈给老师。

　　下面每一题之后是 6 个程度选项，其中 0 表示不同意前面的陈述，5 表示非常赞同前面的陈述，请选择最适合你的观点的数字。你的意见可以写在表格之后。

1.　授课教师使用了有效的教学方法。	0 1 2 3 4 5
2.　授课教师教学前做好了充分的备课准备。	0 1 2 3 4 5
3.　授课教师保持了高质量的教学水准。	0 1 2 3 4 5
4.　授课教师提供了发展学生沟通技能的机会。	0 1 2 3 4 5
5.　授课教师提供了学生合作的机会。	0 1 2 3 4 5
6.　授课教师提供了学生主动研究的机会。	0 1 2 3 4 5
7.　授课教师提供了发展学生批判性思维的机会。	0 1 2 3 4 5
8.　授课教师提供了解决与课程内容相关的解决现实问题的机会。	0 1 2 3 4 5
9.　授课教师提供了发展学生领导技能的机会。	0 1 2 3 4 5
10.　授课教师能够很好地回答我提出的问题，回应我的想法。	0 1 2 3 4 5
11.　授课教师非常熟悉课程知识。	0 1 2 3 4 5
12.　授课教师能够引发学生学习兴趣，激发学生产生想法。	0 1 2 3 4 5
13.　学生可以通过电子邮件、电话等方式联系授课教师。	0 1 2 3 4 5
14.　教师能够在指定的时间（比如一周之内）对学生作业提供反馈。	0 1 2 3 4 5

这位老师的优点是：

这位老师还需要改进的地方是：

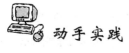动手实践

操作 91　在课程中添加一个调查

在 Bb 9.1 平台网络课程中，教师可以使用"调查"工具来收集学生的反馈信息，在课程中添加一个调查，实际上就是添加了一个调查问卷，调查问卷中的所有问题没有正确错误之分，也没有分数。

下面，请跟随主讲教师一起操作，学习如何在课程中添加一个调查。在操作过程中，你可以随时将一些关键的操作要点记录在下面的方框中。

你也可以访问 Bb 9.1 速查手册＞5. 使用测试和调查＞5.8 添加调查，学习具体的操作方法。

操作 92　查看调查获得的反馈数据

学生填写课程中的这个调查问卷也是匿名的，因为教师只能通过系统了解学生是否填写了该问卷，但无法看到问卷中的具体回答，系统会自动统计学生已填写的问卷数据，并呈现给教师，比如有百分之多少的学生对课程进度安排满意。

下面，请跟随主讲教师一起操作，学习如何查看调查结果。在操作过程中，你可以随时将一些关键的操作要点记录在下面的方框中。

你也可以访问 Bb 9.1 速查手册＞5. 使用测试和调查＞5.9 查看调查结果，学习具体的操作方法。

活动 5　总结与分享

1. 在本专题中，你了解了哪些重要的观点？请在下方横线上记录你的答案和其他人的总结。

_____

_____

_____

2. 你学习了哪些关于建设网络课程的工具？你学会这些工具的使用方法了吗？

_____

_____

_____

3. 你是否准备在今后的工作中使用这些工具？你计划如何使用呢？

_____

_____

_____